아프리카,

당신이 있기에 우리 모두가 있다

아프리카,
당신이 있기에 우리 모두가 있다

초판 1쇄 인쇄 2019년 07월 19일
초판 1쇄 발행 2019년 07월 25일
지은이 김소영

펴낸이 김양수
편집·디자인 이정은
교정교열 박순옥

펴낸곳 도서출판 맑은샘
출판등록 제2012-000035
주소 경기도 고양시 일산서구 중앙로 1456(주엽동) 서현프라자 604호
전화 031) 906-5006
팩스 031) 906-5079
홈페이지 www.booksam.kr
블로그 http://blog.naver.com/okbook1234
포스트 http://naver.me/GOjsbqes
이메일 okbook1234@naver.com

ISBN 979-11-5778-388-5 (03930)

아프리카,
당신이 있기에 우리 모두가 있다

김소영 지음

그럼요.
Hakuna matata

맑은샘

오대양 육대주와 세계 3대 폭포

주저하지 말고 언제든 떠나자.

여행은 나의 정신세계를
제로에서 무한대로 바뀌게 한다.

여행은 나를 아는 능력을 갖게 한다.
내가 어떤 사람인지?
무엇을 하고 싶은지?
무엇이 나를 춤추게 하는지?

내 삶은
25세까지는 가정과 나,
50세까지는 사회와 나,
그 이후는 세계와 나를 향해 살고 있다.

좀 더 일찍 세계를 알고
글로벌하게 살았더라면 하는 아쉬움이 있다.

그래서
내가 원하는 글로벌한 삶에 매일 도전한다.

CONTENTS

2007년 2월 인도 바라나시를 보고 삶과 죽음은 종이 한 장 차이라고 느끼면서 죽음이란 불안에서 벗어났다. 그 후 죽고 사는 문제가 아니면 그냥 통과, 통과하면서 열 올리지 않고 살게 되었다.

2013년 7월까지 호주 시드니 1년의 삶은, 심신이 편안하고 느긋한 삶이 최고이며 건강하게 사는 비결이라고 깨닫게 해주었고 더불어 글을 쓰게 해주었다.

그러나 2017년 1월의 쿠바 여행에서는 누구나 Omnibus(옴니버스) 어디서나 Ubiquitous(유비쿼터스) 음악과 춤을 즐기고, 사회적 연계활동 Social Connections 으로 외롭지 않게 사는 삶이 한 단계 위의 삶이라는 것을 알게 되었다. 그래서 하루 한 바퀴, 살사 음악을 들으면서 살사 춤을 추고, 누구하고나 어디서나 편안한 대화를 하는 삶을 살려고 노력했다.

2018년 1월 남미(멕시코, 페루, 칠레, 아르헨티나, 브라질) 여행에서는 "하루 일해서 먹고 마시고 즐기면 오늘 하루 잘 살았다"라고 생각하는 남미 사람들을 보고, 미리 사서 걱정하지 않고 그날그날 최선을 다해 살고 즐기는, 행복지수가 높은 그들의 삶이 더 나을 수도 있겠다는 생각이 들었다.

그러나 그러한 생각들이 낮은 차원에서의 개인적인 생각이었다는 것을 알게 해 준 것이 2019년 2월 아프리카 여행이었다.

여행지의 거의 마지막은 왜 아프리카일까?

가장 미지의 나라여서, 너무 멀어서, 돈이 많이 들어서?

발상을 전환해 제일 먼저 가도 되는데 말이다.

나는 왜 아프리카를 가는 것일까? 아프리카에서 나는 무엇을 느끼고, 무엇을 배울까? 독특하게 살아가는 다양한 부족들의 삶에서 느껴지는 것은 무엇일까? 고유한 나만의 삶이 중요하다고 가르쳐 줄까? 그들은 고유한 그들 각자의 삶을 살고 있는 걸까?

아니다. 그것은 아니었다. 역사적으로 국가적으로 높은 차원에서의 삶은 바로 '아프리카 탄자니아의 우자마, 남아공의 우분투가 기본이 되는 삶'이라는 것을 알게 해주었다.

한 번뿐인 삶인데, 소시민적인 삶보다는 국가와 우리 모두를 위한 삶을 살아야겠다는 대국적인 생각을 들게 한 아프리카 여행이었다. 앞으로는 그렇게 한번 살아보리라.

그리고 다음 여행지는 어디가 될까?

지구에는 오대양으로 인도양, 대서양, 태평양, 남극해, 북극해가 있고, 육대주로는 북아메리카, 남아메리카, 유럽, 아시아, 아프리카, 오세아니아가 있으며 세계 3대 폭포는 나이아가라, 빅토리아, 이과수가 있다.

남극해와 북극해를 제외하고는 거의 맛은 본 것 같은데…. 이제 어디를 가면 아프리카 여행 이상의 가치를 느낄 수 있을까?

1장

아프리카
여행 준비

언젠가 가리라 생각했던, 아프리카

2018년 1월, 나이 예순이 되면서 우리 부부는 배낭여행으로 여행가기는 힘들어 패키지로 3주간의 남미 6개국 여행을 갔다 왔다. 15번 비행기를 타야 했고, 여러 번의 고산증으로 고생해 지금까지의 여행 중 가장 힘들었다. 긴 시간 비행기 안에 있다 보니 몸부림이 쳐졌다. 힘들어서 생각할 여유도 없는 그런 여행은 다시는 하지 않겠다고 마음먹었다.

그래도 다시 여행을 가려고 꿈틀댄다. 이집트를 갈까, 아프리카를 갈까, 남미를 거의 식민지로 지배한 스페인을 갈까 했더니 남편은 이집트, 아프리카, 스페인을 두루 돌아오자고 제안한다. 쿠바를 갈 때 스페인어를 조금 공부했으나 어설픈 상태에서 아랍어까지 하는 것은 무리라 생각되어 아프리카만 가자고 했다. 그러고 나서 제국주의 스페인을 가고, 아랍어를 공부해서 이집트를 가자고 했다.

많은 사람처럼 나도 여행의 마지막 코스는 아프리카라고 했다. 아마도 남미와 아프리카 패키지여행의 비용이 1인당 천만 원 이상 하니까 그렇게 생각했으리라 여겨진다. 나 또한 그랬으니까. 그러나 모든 것은 마음먹기에 달려있다. 어디를 먼저 가면 어떠랴! 그리고 젊었을 때 힘든 곳을 먼저 가야 힘들지 않고 충분히 즐길 수 있다.

아프리카를 가기로 결정한 뒤 아프리카 어디를 가야 할지를 정하기 위해 여행사의 일정을 보고, 갔다 온 이의 애기를 참작해서 우리가 원하는 곳으로 결정했다. 나이 때문인지 사파리 등 동물은 별로 보고 싶지 않았다. 사람들과 교감하는 의미 있는 여행이 되도록 해야겠다고 생각했다.

가고 싶은 곳이라 생각하고는 있었지만, 아프리카를 갈 수 있을까 반신반의하였기에 별 염두에 두지 않았던, 2013년 태평양 크루즈에서 만난 남아공 백인 산부인과 의사 부부가 생각났다. 2주간 식사시간에는 어김없이 서로 만나서 함께 식사했는데, 이렇게 남아공을 갈 줄 알았다면 메일을 받아둘 걸 하는 후회가 되었다.

그러나 남편과 아프리카를 가기로 결정하고, 시중에 나와 있는 책들과 인터넷을 뒤지다 보니 한국인이 하는 '골든벨 하우스'가 있었다. 인터넷 댓글에 식사가 너무 맛있었다는 글이 많아 마음이 갔다. 나이를 먹으면서 한국 음식을 더 찾게 되었는데, 식사가 좋다고 하니 일단 알아보고 싶었다. 그래서 이메일보다는 빨리 통화하고 싶어 남아공으로 전화를 했다. 남아공 최 사장님과 통화하여 궁금한 것을 거의 해결하고, 2019년 2월에 가겠다고 약속하고 다시 연락하자고 했다.

한국 사람을 알게 되어서 무척 기뻤다. 일정표가 오가면서 수정 보완하던 중에 골든벨 하우스 최 사장님이 서울 논현동 딸집에 오셨다고 했다. 너무 반가워 약속을 하고, 궁금한 것과 우리가 원하는 일정을 정리하여 명동에서 만나 다시 점검했다.

남아공과 빅폴은 해결되었으나 우리 부부가 가고 싶은 탄자니아를 어떻게 할 것인가가 문제였다.

2012년 호주를 가기 위해 영어강사를 찾던 중, 동네 갈릴리교회에서 아이들에게 영어회화를 가르쳐 주는 외국인이 있다기에 무조건 찾아가서 만났다. 그래서 우리 부부는 탄자니아 사람인 임마누엘과 크리스티나에게 영어 회화를 2:2로 1주일에 2회 2시간씩 3개월을 배웠다. 그런데 탄자니아를 가려고 보니 연락처가 없다. 임마누엘 이메일 주소를 알기 위해 다시 갈릴리교회 목사님을 찾아갔다. 다행히도 목사님은 아직 임마누엘과 연락을 하고 계셨다.

임마누엘은 탄자니아 다르에스살람에 살고 있었다. 임마누엘에게 우리의 일정을 알려주고 함께 여행하자고 하면서, 탄자니아 여행사로 예약해달라고 했다. 다 가능하다고 했지만, 탄자니아에 가서 만나는 그날까지 과연 예약이 제대로 되었을까 걱정이 많이 되었다. 우리가 가려는 무소바는 한국 여행사에서는 가지 못한다고 한 곳이었기 때문이다.

난 왜 아프리카 여행을 두려워하였나

안전한 여행을 위해 준비해야 할 것들

아프리카 탄자니아와 남아프리카 공화국(남아공), 그리고 짐바브웨, 잠비아 가운데 있는 빅토리아 폭포(빅폴)가 이번 여행지다. 호기심 반 두려움 반으로 가슴이 뛰었다. 지금까지 40개국 이상 여행을 하였으나 이러한 마음은 처음이다.

비행기를 15번 탔던 2018년 남미 6개국 패키지여행처럼 따라가는 여행도 아니고, 남편과 둘이 가면서 비행기를 12번이나 타야 하는 일정에다가 여러 가지 질병과 생계형 범죄로 인한 강도, 절도 등 안전에 대한 위험성이 가장 많기 때문이다. 그러나 가고자 하는 욕구가 강하기에 탄자니아 현지 여행사와 남아공 한인 골든벨 하우스와 소통하면서 문제를 하나씩 풀어갔다.

첫째, 예방 접종에 대해서 국립의료원 상담 진료를 하였다.
여행하는 지역과 여행자의 나이에 따라서 선별해주었는데, 우리는 말라리아약만 처방받았다.

1. 비브리오균에 의한 콜레라
2시간 금식 후 먹는 물약으로 1차 복용, 6주 후 2차 복용, 2년 내 3차 복용해야 한다. 오심과 복통이 있다.

2. 살모넬라균에 의한 장티푸스

1회 예방 접종만 하지만 전신 쇠약, 고열, 복통 증상이 있다.

3. 파상풍

신경계를 침범하여 근육에 강직성 경련이 오는 것으로 10년에 1회 접종하면 된다.

4. A형 간염

1차 접종 후 6~12개월 지나서 2차 접종하면 20년간 면역이 지속된다. A형 간염의 증상은 발열, 식욕감퇴, 오심, 복통, 설사, 황달, 가려움이 있다.

5. 황열병

국립의료원에서 1회 예방 접종을 하고 노란 증명서를 발급받는데, 증명서를 요구하는 나라에 갈 경우에는 보여 주어야 한다. 2018년 남미 여행 때 접종하고 준비를 해갔으나 증명서를 보여 달라고 한 적은 없었다.

6. 모기에 의한 말라리아

예방 접종이 안 되기 때문에 말라리아 항생제를 예방적으로 복용해야 한다. 말라리아의 증상은 두통, 오한, 구토, 발열, 빈호흡, 적혈구 파괴 등으로 사망할 수도 있다. 말라론이라는 약은 현지에 가기 2일 전부터 식사 직후 규칙적인 시간에 복용하여, 현지 여행이 끝난 후 일주일까지도 매일 복용해야 한다. 장기 여행인 경우 주 1회 먹는 약도 있다. 약의 부작용은 오심, 복통, 속쓰림, 설사, 현기증 등이 있다.

둘째, 강도, 절도 등에 대한 안전 문제였다.

아프리카에 대한 책도 많이 없거니와 나와 있는 책들에서는 안전하지 않다고 되어있어서 걱정을 많이 했다. 카메라를 가져가기보다는 휴대폰으로 해결하기로 하고, 앞으로 멜 수 있는 가방으로 돈도 분산해서 준비했다. 만일의 경우를 대비해서 허리띠와 무릎 보호대에 돈을 넣을까 생각하고 준비도 했다.

어디서나 마음의 준비를 하고 정신을 똑바로 차리면 문제는 없었다. 직접 당하지는 않았지만 차 속에 가방이 보이면 유리창을 깨서 가져가기 때문에 가방을 보이지 않도록 바닥에 두거나 가지고 다니라고 하였다. 그리고 자동차가 통째로 없어지기도 하는데, 이런 경우는 거의 생계형 범죄라고 한다. 자동차 창문은 닫고 다녀야 하며, 밤에는 다니지 말고 밝은 낮에 움직여야 한다. 남아공은 외국인이 이용하는 대중교통이 없기 때문에 공항, 기차역, 버스 터미널, 택시 타는 곳은 우범 지역이다. 그래서 휴대폰에 앱을 깔아 우버(Uber) 택시를 이용하는 것이 안전하다.

셋째, 가방은 꼭 필요한 것으로 최대한 줄여야 한다

서류(여권 복사본, 사진 2, E-ticket), **전기 제품**(충전기, adapter, 셀카봉, 망원경), **세면도구**(화장품, 선크림, 손 세정제, 빨랫비누), **옷**(3일치 속옷, 겉옷은 흰색이 모기가 덜 붙는다. 목도리, 우의, 우산, 부치는 가방을 쌀 랩), **약**(고혈압약, 고지혈증약, 갑상선약, 관절염약(알콕시아, 악마의 발톱, 그린홍합), 역류성 식도염약, 이비인후과약, 설사 변비약, 위장약, 백내장 안약, 인공 눈물, 항생제, 진통소염제, 근육 이완제, 치통약), **건강보조식품**(홍삼, 비타민 C, Multi 비타민, 아로나민, 프로폴리스, 오메가3, 루테인, Co Q10, Mg), **건강 유지에 필요한 것**

(호랑이 연고, 바세린, 파스, 물파스, 대일밴드, 무릎보호대, 허리보호대, 이혈 기석), **기타**(물휴지, 키친타월, 물병, 지프백 대중소, 손톱 집게, 여분의 볼펜과 메모지, 명함), **먹을 것**(살짝 볶은 땅콩, 오징어포, 과자, 사탕, 라면, 햇반, 나무젓가락, 물) 등이다. 우리는 나이가 있어서 만반의 준비를 했다.

해외여행자 보험

환전 시 은행에서 10,000USD 이상 환전하는 사람들에게 무료로 해외여행자 보험을 해주었다. 그러나 아프리카 여행은 위험이 따르고, 무슨 문제가 생길지 몰라 거래하는 보험회사에다가 개인적으로 해외여행 보험을 들었다. 나는 72,940원이고 남편은 61,730원이었다. 들고 나니 마음이 편했다.

캐리어 문제

남미 여행을 하면서 페루에서 칠레를 갈 때 여행 가방에 페루공항에서 달아준 도착지 꼬리표가 3개 붙어있었다. 첫 도착지에서 도착해야 할 가방이 도착하지 않아 확인하니 꼬리표가 3개로 제일 마지막 공항에 가방이 가도록 되어 있다는 것이다. 오 마이갓! 가이드가 가방 환승하는 곳에 가서 수많은 가방 중에서 일부 가방은 찾았지만, 일부는 찾지 못했다. 우리 가방은 두 개나 찾지 못하여 아주 불편하였다. 그래서 아프리카 여행에서는 꼬리표가 한 개 붙는지 일일이 확인을 했다.

그러나 꼬리표는 확인했지만 탄자니아 다르에스살람에서 1시간 20분 동안 비행기를 수리하느라 늦게 출발하게 되었다. 그 때문에 조벅에서 50분의 여유밖에 없어서 가방 3개가 잘 운반되었는지 걱정이 되었다. 역시나 빅폴에서 가방 3개 중 하나가 나오지 않았다. 최대한 부치지 않으려고 기내용 가방을 하나 더 샀는데, 공항 직원이 무게가 많다고 부치라고 해서 할 수 없이 부쳤더니 영락없이 문제가 생겼다. 새로 산 내셔널지오그래픽 가방으로 지프 없이 닫는 것이어서 혹시나 풀어지면 어쩌나 하고 걱정한 가방이다. 다음날 오후에야 가방은 호텔로 무사히 도착했다. 그나마 한 개여서 하룻밤 자는 데는 별 불편이 없어서 다행이었다.

또한 빅폴에서 케이프로 가는 경우, 조벅에서 국내선으로 갈아탈 때 콘베어에서 가방을 내린 후, 다시 국내선 꼬리표를 달고 보낸 후 국내선 gate로 가서 비행기를 타야 한다. 그런데 케이프에서 국내선 조벅으로 가서 홍콩 가는 것을 갈아타고 인천으로 갈 때는 한 번에 인천까지 가니까 편했다. 국제선에서 국내선으로, 국내선에서 국제선으로 갈 때도 잘 확인해야겠다.

우리 나이는 비즈니스석을 타야 한다

인천에서 홍콩까지 4시간, 홍콩에서 조벅까지 13시간 35분으로 비행 시간만 총 17시간 35분이다.

"앞으로 어디를 가든 비행기는 비즈니스석을 타기 위해서 살아가는데 별로 필요 없는 것에는 돈을 쓰지 말고 절약해야지." 하고 마음을 먹은 것이 2018년 1월 남미 여행 이후이다. 너무너무 힘들어서 남미 여행의 묘미를 느낄 여유도 없었고, 고통스러움만 기억에 남기 때문이다.

그런데 이번 아프리카 여행도 12번의 비행기를 타야 한다. 마음 크게 먹고 비즈니스석으로 발권했다. 아랍에미리트 비행기가 크고 안전해서 두바이에서 갈아타는 것으로 예약을 했는데 아뿔싸, 낙타로 발생하는 메르스가 또 발생했다. 아직 많은 시간이 남아있기에 메르스로 걱정하기보다는 빨리 해결하고 마음 편한 것이 좋을 것 같아서, 손해를 보고 홍콩에서 갈아타는 남아공 항공으로 바꾸었다. 바꾸고 나니 마음이 편하고 걱정덩어리가 사라졌다. 그리스 갈 때도 메르스로 인해 변경했었는데, 앞으로 아랍에미리트 항공을 이용하는 것은 고려해야겠다.

대한항공은 타 항공보다 훨씬 비싸서 남아공 국적기 항공(02-775-4697)으로 한번 가 보기로 결정했다. 항공료는 대한항공 비즈니스석의 반값이 조금 안 되었다. 인천에서 홍콩까지는 남아공 항공과 연계된 케세이 퍼시픽(갈 때)과 아시아나(돌아올 때)로 예약이 되었다.

항공회사	일반석	업그레이드
대한항공	214만 원	1,000만 원
케세이퍼시픽(홍콩항공)	173만 원	618만 원
남아공항공	125만 원	**406만 원**
이디오피아항공	90만 원	

4개월 전 발권할 시점 가격을 보면, 인천을 출발하여 홍콩에서 갈아타고 요하네스버그까지 가는 왕복 비즈니스석 요금과 요하네스버그에서 케이프타운 가는 국내선 비즈니스석 가격으로 4,060,300원이다. 아프리카 내에서의 국제선(탄자니아, 남아공, 빅폴)은 시간이 짧아서 일반석으로 해서 1,156,400원이다. 탄자니아 내에서의 국내선은 탄자니아 항공으로 하였다.

케세이퍼시픽을 포함하여 외국 항공의 인천 공항 스카이라운지에는 먹을 것도 괜찮았다. 비즈니스석을 타니까 비행기 타기 전 사 먹던 식사비도 들지 않는다. 화이트와인에 닭강정, 쌀국수, 콜라, 그리고 샌드위치를 호박죽에 찍어 먹으니 별미였다.

케세이퍼시픽CX, 남아공 항공SA, 아시아나Asiana 비즈니스석을 타보니 비행기마다 의자 조작법이 달랐는데 돌아올 때에야 의자들에 익숙해지게 되었다. 올 때 아시아나 비즈니스석은 개인 문도 있어서 완전히 오피스텔 같은 기분이었다. 180도로 누워 자면서 가고 온다는 것이 이리 행복한 것인 줄은 정말 몰랐다. 베개, 요, 이불에 등 마사지까지 되는 것도 있었다. 비행기가 조금 흔들려서 남아공 비행기 탓인가 싶기도 했지만 날씨 탓이려니 생각했다. 길게는 홍콩에서 남아공 요하네스버그까지는 13시간 15분 비행이었지만, 180도로 누워서 자느라 지겨운 줄을 몰랐다.

식탁보를 깔아주고 원하는 대로 그릇에 주는 식사는 대접받는 기분이었다. 일반석을 탈 때마다 비즈니스석에는 어떤 사람들이 타는지 유심히 보았었는데, 마음만 조금 다르게 먹으면 무엇이든 할 수 있고 해보는 것도 괜찮다는 생각이 들었다. 몸을 위한 것에 투자하고, 몸 밖 다른 부분에서는 돈을 아끼면서 말이다.

조심조심, 천천히 아프리카로 떠나자

우리 나이에는 무조건 '조심조심' '천천히' 움직여야 한다. 문제는 언제나 서둘러서 생긴다. 그리고 모든 것은 마음먹기에 달렸다. 시간이 되고 돈이 있다고 누구나 여행을 가는 것은 아니다. 가고자 하는 욕구와 미지 세계에 대한 호기심에 발동이 걸려야 한다. 그러나 욕구와 호기심만 가지고도 안된다. 가장 중요한 것은 역시 건강이 받쳐주어야 한다는 것이다. 그래서 만사에 천천히 조심하면서 움직여야 한다. 전 연세대 김형석 교수가 조심조심 살다 보니 100세가 다 되었다고 했다. 누구나 사는 날까지 건강하려면 어디서나 조심조심 천천히 움직여야 한다.

아프리카는 54개국이 존재하는 대륙이다

7개 북아프리카	모로코, 알제리, 튀니지, 리비아, 이집트, 서사하라, 수단
7개 동아프리카	**탄자니아**, 소말리아, 에티오피아, 에리트레아, 지부티, 케냐, 모리셔스(섬)
23개 서아프리카	모리타니, 세네갈, 말리, 가나, 감비아, 기니비사우, 시에라리온, 라이베리아, 말리, 부르키나파소. 코트디부아르, 가나, 토고, 베냉, 나이지리아, 카메룬, 가봉, 적도기니, 콩고 공화국, 기니, 니제르, 차드, 카보베르데(섬)
6개 중앙아프리카	남수단, 르완다, 부룬디, 우간다, 중앙아프리카 공화국, 콩고 민주공화국
11개 남아프리카	**남아공, 보츠와나, 짐바브웨, 잠비아**, 레소토, 에스와티니, 모잠비크, 나미비아, 말라위, 앙골라, 마다가스카라(섬)

'우자마_{Ujamaa}' 정신의 탄자니아

마사이족 마을

탄자니아는 어떤 곳일까

Visa 발급, 지도, 국기, 날씨

탄자니아 비자_{Visa}

 2018년 1월 주한 탄자니아 대사관이 생겼다. 지하철 4호선 이촌역에서 경의중앙선으로 갈아타고, 서빙고역 1번 출구로 나와 큰길을 건너서 직진하다 보면 오른쪽에 비비안 빌딩이 보인다. 4층에 탄자니아 대사관이 있다. 오전 10시에서 12시까지 접수받고, 인수 날짜를 알려주면 그날 오후 2시에서 4시에 찾으러 가면 된다.

비자에 필요한 서류

 필요한 서류는 6개월 이상 유효한 여권, 여권 사진 2장, 항공기 E 티켓, 영문 여행 일정표, 현금 50USD와 함께 대사관에 있는 비자 신청서를 작성하여 내면 된다.

EMBASSY OF THE UNITED REPUBLIC OF TANZANIA-SEOUL
주 한 탄 자 니 아 대 사 관

BUSINESS HOURS / 대사관 업무시간
MONDAY - FRIDAY / 월요일 ~ 금요일
9:00AM - 12:00PM
1:00PM - 5:00PM

CONSULAR SECTION / 영사과 업무시간
MONDAY - FRIDAY / 월요일 ~ 금요일
9:30AM - 12:00PM (DOCUMENTS SUBMISSION / 접수)
1:00PM - 5:00PM (DOCUMENTS, VISA COLLECTION / 발급)

※ CLOSED ON WEEKENDS AND PUBLIC HOLIDAYS
※ 주말과 공휴일에는 휴무입니다.

THE UNITED REPUBLIC OF TANZANIA
TANZANIA EMBASSY, SEOUL

VISA APPLICATION FORM
PLEASE COMPLETE THE FORM IN CAPITAL LETTERS

Type of visit: ☐ Tourist Visa ☐ Business visa ☐ Transit Visa
1. Surname or Family Name
2. First Name (s)
3. Maiden Name
4. Date of Birth   Sex.
5. Place of Birth   Country of Birth
6. Nationality
7. Current Address
   Tel.   E mail
8. Marital Status: ☐ Married ☐ Single ☐ Divorced ☐ Widowed
9. Names, date and place of birth of minor children accompanying you
   *In case a minor is traveling alone, please submit a parental authority.
0. Profession / Occupation
   Employer's address   Date Issued
   Passport No.   Issued At
   Valid Until
2. Date of Entry   Departure Date
   Duration of Stay   Budget for your stay in USD
3. Contact Address in Tanzania   Tel
. Purpose of Visit
   ☐ Leisure, Holiday   ☐ Business   ☐ Various
   ☐ Visiting friends, relatives ☐ Study   ☐ Diplomatic
   ☐ Mission   ☐ Transit   ☐ Official
   ☐ Meeting, Conference   ☐ Health Treatment   ☐ Same day visitor
Requested number of entries: ☐ Single ☐ Multiple
In case of transit: Do you have an entry permit for the final country of destination?
   ☐ Yes ☐ No   Valid Until
Signature of Applicant   Date

R OFFICIAL USE ONLY
A NO: ERV NO:
'ICER: DATE

Tanzania Embassy, Seoul 4th Floor, Vivien Corp. Building, 52, Seobingo-ro 51 gil, Yongsan-gu, Seoul
Tel (+82-2) 793-7007 Fax (+82-2) 795-8990

탄자니아Tanzania 대사와 직원 데보라와 함께

대사관 접수창구에 있는 데보라는 한국 생활 10년이 되어 한국말을 유창하게 잘한다. 데보라는 탄자니아 한국 대사가 되는 것이 꿈이라고 한다. 킬리만자로 가까이에 있는 아루샤가 집이며, 탄자니아는 안전하니 걱정하지 않아도 된다고 말해주었다.

탄자니아의 젊고 배운 남자들은 열정이 많아서인지, 한국 TV에 나오는 미카와 우리 영어 선생이었던 임마누엘(서울대 박사학위)의 꿈이 둘 다 대통령이었다. 일부이지만 탄자니아의 발전 가능성이 보였다.

대사관 주소: 용산구 서빙고로 51길 52 남영 비비안 빌딩 4층
전화번호: 02-793-7007

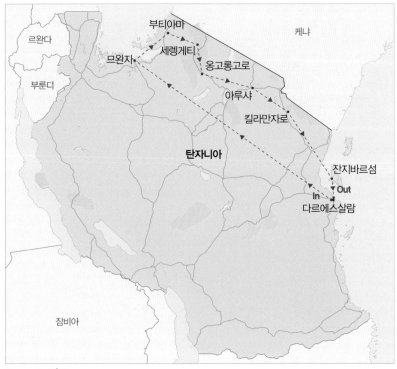

Tanzania 지도

Tanzania 국기

탄자니아 국기는 탕가니카와 잔지바르 국기의 구성 요소를 반영하여, 탕가니카 국기 하단의 초록색과 잔지바르 국기 상단의 파란색을 조합하여 대각선으로 배치하고, 검정색은 국민을, 녹색은 대지를, 파랑은 인접한 바다를 의미하며, 노랑은 광물자원을 나타낸다고 한다.

Tanzania 날씨

3월에서 5월은 우기이며, 11월에서 1월은 소우기로 밤에는 춥다. 상하수도, 전기, 가스 보급이 좋지 않아 가정집은 아주 어둡게 살고 있다.

말라리아약을 먹어야 한다

약 먹는 것이 겁이 났지만 말라리아 걸려서 죽기는 싫어서 약을 먹었다. 현지 도착 2일 전부터 말라리아약을 먹기 시작하여 탄자니아를 벗어나서도 일주일을 먹었다. 약을 먹기 시작하여 정확하게 48시간 동안은 배에 가스가 차고 계속 방귀가 나오면서 화장실을 자주 갔다. 많이 불편했으나 48시간이 지나고 나서야 느낌이 없어졌다. 왜 2일 전부터 먹어야 되는지 이해가 갔다. 덕분에 이번 여행은 변비가 없었다.

말라리아 예방약을 장기간 먹으면 간이 손상되기 때문에 탄자니아 사람들은 평상시에는 약을 먹지 않고 병에 걸리면 먹는다고 하였다. 현지인들이 말라리아로 죽는 사람도 있지만, 면역이 생겨서 말라리아 증상이 나타나면 빨리 병원 치료를 한다고 한다.

말라리아는 우기에 잘 걸린다. 탄자니아 사람들은 말라리아를 감기에 걸리는 것같이 가볍게 생각하는데, 외국인은 한 번 걸리면 심하게 고생한다.

모기 퇴치 손목밴드, 몸에 뿌리는 스프레이 모기퇴치제와 모기에 물리고 나서 바르는 연고 등을 준비했다. 그런데 모기가 보이지도 않고 소리도 나지 않았는데 배와 팔 등 물린 곳이 5군데나 되었다.

카리부karibu! 탄자니아Tanzania

탄자니아 합중국United Republic of Tanzania

1964년 4월 26일 탕가니카와 잔지바르의 합병으로 같은 해 10월 29
일 새로운 국가 탄자니아 합중국이 탄생하였다. 탕가니카와 잔지바르는
대통령과 장관이 따로 있다. 인구는 2017년 기준으로 5,160만 명이다.

다르에스살람은 탄자니아의 최대 항구 도시이고, 경제적인 수도이
다. 행정 수도는 현 수도 도도마Dodoma이지만, 국회만 있고 정부 부처와
대통령, 국회의원들은 다르에스살람에 거주하면서 국회가 열릴 때만
도도마에 간다. 도도마는 생활용수가 부족하여 더 이상 발달하지 못하
고 있다.

공무원의 공식적인 근무시간은 오전 8시에서 오후 3시 30분이고, 연
휴는 주로 크리스마스 때부터 새해까지 가진다.

탄자니아 사람들

탄자니아의 경이롭고 다양한 자연과 129개나 되는 부족들을 포용하
는 문화적 다양성, 타고난 친절과 호의는 탄자니아 사람들을 더욱 빛나
게 한다. 스와힐리족의 미소를 띤 진심 어린 인사말 '카리부(환영합니다)'
가 바로 그것을 말해준다. 또한 탄자니아의 다양한 매력을 하나로 묶어
주는 것은 관용과 평온함이라는 국민성이다. 인종의 다양성에도 불구
하고 인종 불안을 경험하지 않고, 식민지 속국에서 독립국으로, 사회주

의 국가에서 자유경제 국가로, 일당 독재에서 완전한 민주주의로 변혁
이라는 현대 정치의 장애물을 극복하며 아프리카에서 고유한 길을 걸
어온 나라다. 리프트 계곡에 거주하는 아프리카의 대표적인 부족인 마
사이족부터 아랍의 영향을 받은 해변가의 스와힐리어족과 야시호수의
하드자베이 원주민까지 다양하다.

"하쿠나 마타타Hakuna Matata"

하쿠나 마타타 노래는 탄자니아 남녀노소 빈부와 계급을 막론하고
누구나 어디서나 언제나 함께 부르는 국민 노래로, 함께 부르면서 걱정
하지 않고, 서로에게 힘을 얻어 행복하게 살아가게 한다.

Jambo bwana	[잠보 브와나!]	안녕하세요 여러분!
Habari gani	[하바리 가니?]	잘 지내요?
Nzuri sana	[은주리 사나]	예, 아주 좋아요.
Wageni wakaribisha	[와게니 와카리비샤]	여러분을 초대합니다.
Tanzania yetu hakuna matata	[탄자니아 예투 하쿠나 마타타]	
	아주 문제없는 우리의 탄자니아로!	

마지막 문장은 Kilamanzaro yetu hakuna matata로 바꾸어 '아무
문제 없는 우리의 킬리만자로!'로 노래하기도 한다.

3번의 악수Handshake

여기서는 손 모양을 바꾸어가면서 악수를 3번 한다. 잠깐 하는 인사
가 아니라, 좀 더 긴 시간을 가지고 상대방과 친밀감을 나누는 인사를

한다는 것이다.

Jambo Jambo	[잠보 잠보]	안녕 [Hello]
Habari gani	[하바리 가니]	어떻게 지내? [How are you?]
Nzuri sana	[느주리 사나]	잘 지냈어 [I am very good]

탄자니아 말 스와힐리swahili어

세계 12개 언어 중 동아프리카 언어로서 과학적이고 조직적인 체계를 지닌 아름다운 언어이다. 사용자들은 북쪽으로는 케냐의 라무섬에서, 남쪽으로는 탄자니아의 남쪽 국경선까지 퍼져 있다. 스와힐리어는 아랍어에서 많은 영향을 받았다. 많은 단어가 아랍어에서 차용되었으며 '스와힐리'라는 말 자체도 아랍어의 '사와힐리'(아랍어로 '해안의'를 뜻하는 형용사형)에서 유래된 말이다. 스와힐리어로 된 문학작품 가운데서 현존하는 가장 오래된 것은 18세기 초에 쓰인 것으로서 아랍 문자로 표기되어 있다. 스와힐리어의 방언 가운데 가장 중요한 3가지 방언은 잔지바르와 탄자니아 본토에서 사용하는 키웅구자어, 몸바사를 비롯한 케냐 지역에서 사용하는 킴비타어, 라무섬과 인접 해안지역에서 사용하는 키아무어이다. 스와힐리어 표준어는 키웅구자어 방언에 바탕을 두고 있다.

mambo	[맘보]	친구 인사
jambo	[잠보]	안녕
Habari	[하바리]	안녕하세요
asante	[아산테]	고마워
karibu	[카리부]	welcome
kwaheri	[꽈헤리]	good bye

sijui	[씨쥬이]	I don't know
ninanja	[니난자]	I'm hungry
Nataka kula	[나타카 쿨라]	I want to eat
Nataka kunywa	[나카타 꼬뉴아]	I want to drink
mkorea	[음코레아]	한국인
Korea Kusini	[코레아 쿠시니]	남한
Korea Kaskazini	[코레아 카스카지니]	북한
daladala	[달라달라]	봉고차
haraka	[하라카]	빨리
polepole	[폴레폴레]	천천히
wali	[왈리]	밥
nyama	[냐마]	소고기
kuku	[쿠쿠]	닭고기
samaki	[사마키]	생선
Mimi ni mkorea	[미미 니 음코레아]	나는 한국인이야
hakuna matata	[하쿠나 마타타]	문제없어

탄자니아 여행 Tip

• Hotel

BB_{Bed & Breakfast} 조식만 제공

HB_{Half Board} 아침, 저녁 두 끼 제공으로 음료 미포함

FB_{Full Board} 세끼 제공으로 음료 포함되는 곳도 있음

AI_{All inclusive} 세끼와 주류 및 음료, 스넥, 미니바 등 제공

• 시차

한국 시각에서 홍콩은 1시간 느리고, 탄자니아는 6시간 느리며, 남아공과 잠비아, 짐바브웨는 7시간 느리다.

• 자동차

호주, 일본, 영국 등 섬나라들이 자동차 운전석이 오른쪽인데, 아프리카는 섬이 아닌데도 자동차 운전석이 오른쪽이다. 영국 식민지의 결과물이구나 생각되었다.

• 생수와 맥주

생수는 킬리만자로 생수가 좋다.

맥주를 많이 마실 때는 뚜껑을 모아서 계산한다.

• 아프리카의 춤과 음악

남아공은 소리 지르면서 손뼉 치고 발을 구르고 뛰는 동작으로 춤을 추는데, 한 발짝 앞으로 나온 한 명의 대장과 뒤쪽에 일고여덟 명이 서서 함께 춤을 춘다. 또 한 명씩 앞으로 나와 신 나게 추고 제자리고 들어가기도 한다. 마사이족 춤도 한 명씩 앞으로 나와서 높이뛰기를 하는 것이다. 그리고 음악과 춤이 발달한 남미와 달리 악기는 동물 가죽으로 만든 북 같은 타악기인 젬베Jembe가 주를 이루고, 나무로 만든 실로폰 마림바Marimba도 있다.

• 남아공 여성의 올라간 엉덩이 자세는 요통이 없다

아프리카 흑인 여성들의 엉덩이가 튀어나온 형태인데, 우리도 그런 폼을 가지도록 자세를 해야 허리가 아프지 않다. 나는 허리 아플 때마다 스쿼팅squating 자세를 하여 엉덩이가 올라가도록 한다. 엉덩이가 올라가도록 스쿼팅squating 자세를 하면 척추와 어깨도 펴진다. 아주 올바른 자세가 되는 것이다.

다르에스살람Dar es salaam에 드디어 도착

　드디어 탄자니아 구 수도 다르에스살람에 있는 니에레레 공항에 도착했다. 우리나라는 지역 이름을 공항 이름으로 하는데, 탄자니아는 초대 대통령 이름이 공항 이름을 하고 있는 것이 조금 신기했다. 공항에는 임마누엘이 우리를 기다리고 있었다. 반가웠다. 7년 전 김밥, 떡볶이 등 간식을 먹으며 즐겁게 영어를 배우면서 나중에 탄자니아 갈 거라고 한 것이 현실이 되었다.

큰 바퀴벌레 한 마리가 인사하는 Slipway 호텔

　방에 들어가자마자 아주 큰 바퀴벌레 한 마리가 나와서 기겁을 했다. 그래서 같은 호텔 내 새로 지은 건물로 방을 옮겼다. 한결 깨끗했다. 탄자니아라는 나라의 호텔이 다 이런 상태라면 앞으로 어떻게 자야 하나

걱정이 태산이었으나 여행 내내 더 이상 바퀴벌레는 보지 못했다.

우리의 주식은 랍스터

호텔에 도착하여 점심으로 콜라와 랍스터를 먹었는데, 이것은 탄자니아에서 거의 우리의 주식이 되었다.

원래 탄자니아의 주식은 우갈리(옥수수 가루를 찐 것),

칩시(감자 튀김), 왈리(밥)이고, 사이드 메뉴는 냐마(쇠고기), 쿠쿠(닭고기), 사마키(생선)이며, 거기에다가 음료수를 맥주나 콜라로 마신다. 이것이 현지식의 일반적인 공식인데, 한국인은 왈리 냐마(쌀밥에 쇠고기)가 그나마 먹기 편하고, 우갈리 사마키(우갈리와 생선요리)는 먹기가 힘들다. 우리는 칩시에다가 구운 새우나 랍스터, 오징어squid, 낙지octopus를 주로 먹었는데, 낙지는 싱싱하지 않았고, 의외로 오징어 튀김이 맛있었다.

아프리카는 손으로 먹기 때문에 식당에 가면 손 씻는 물이 나온다고

책에서 보았는데, 거의 손으로 먹지 않았다. 다르의 뮤지움 빌리지에서 3명의 여성들이 손으로 먹는 것을 한 번 보기는 했다.

바다와 접해있는 공원 같은 휴식처, 놀이터

므완자_{Mwanza} 가는 길

탄자니아 제2의 도시 므완자_{Mwanza}로 가는 국내선 게이트 앞이다. South African이라는 비행기를 타고 남아공 조벽에서 출발하여 탄자니아 구 수도 다르에스살람에서 1박을 하고 므완자로 간다. 탄자니아 초대 대통령 니에레레가 태어난 무소바 부티아마 빌리지_{Musoba Butiama Village}를 가기 위해서다.

새벽 비행기는 피곤하다

6시 Air Tanzania를 타려고 호텔에서 새벽 3시에 출발하여 니에레레 공항에 4시에 도착했다. 아주 피곤했다.

"Madam! Here is Tanzania"

그런데 새벽 4시에 티켓팅을 하는데, 므완자 6시 TC110으로 예약한 비행기 티켓을 안 주고, 6시 30분 TC100으로 준다. 이해가 안 되는 부분이었다. 임마누엘만 아니면 묻고 따져서 궁금증을 해결했을 텐데.

지금부터 6시 30분 비행기를 타기 위해서는 2시간 이상을 기다려야 한다.(왕짜증~) 세관을 거쳐 들어와서 나갈 수도 없고, 보딩 티켓을 받는 사람에게 불평을 했더니 "Madam! Here is Tanzania"라고 내뱉는다.

"그래 여기는 서울이 아니고 탄자니아다. 하는 대로 하자."

처음 타보는 프로펠러 비행기

6시가 되니까 TC110은 보딩도 안 하고 TC100을 보딩한다. 그리고 6시 15분에 비행기는 이륙했다. 그제야 이해가 되었다. 승객이 없으니까

중간 시간으로 가는 것이다. 그래 여기는 한국이 아니라 탄자니아야. 그 말이 맞네. Air Tanzania는 대충 80명이 타는 프로펠러 비행기다. 양쪽 날개에 프로펠러가 돌아간다. 겁이 조금 났다.

비행기 옆자리에는 육칠십 되어 보이는 네덜란드계 백인 여성이 노트북으로 영화를 보고 있다, 손톱 끝에만 흰색 매니큐어가 곱게 칠해져 있었다. 나도 한번 해보고 싶은 충동이 생겼다. 지금까지 매니큐어를 발라본 기억이 별로 없는 나이지만 손톱 끝만 흰색으로 바른 것이 세련되어 보였다. 그리고 화장실에 가려다가 깜짝 놀랐다. 화장실 입구에서 매트를 깔고 두 명의 남자가 벽을 보고 절을 하고 있었다. 무슬림이다. 대단한 신앙심이라는 생각이 들었다.

국내선 에어 탄자니아의 간식(1시간 45분 소요)

므완자_{Mwanza} 공항

탄자니아 제2의 도시라고 하였는데 Mwanza 공항은 간단했다.

1963년이 적혀있는 구권 미국 달러는 절대 받지 않는다. 2003년도 신권 달러만 받는다. 앞으로는 한국에서 미국 달러 환전할 때는 신권을 확인하고 받아야겠다. 1USD가 2,200실링 정로로 우리 돈에 2배를 하면 된다. 1USD는 2,322실링으로 200USD를 환전하니 224,000실링이었다.

대단한 가이드와 드라이버

탄자니아 므완자에서 아루샤까지 3박 4일을 함께 여행할, 영어가 가능한 드라이버 세디엘과 가이드 핫산을 만나 간단하게 커피와 빵을 먹었다. 탄자니아 가이드와 드라이버는 많은 외국어를 구사하는 능력 있는 사람들이다. 대단하게 보였다.

33살 드라이버 세디엘Chediel은 아루샤에 살고 있는 킬리만자로 바레족이다. 영어, 스와힐리어, 마사이어, 바레어(부족언어), 프랑스어, 이탈리아어, 일본어, 중국어 등 8개의 외국어를 할 수 있다. 친구와 프랑스를 한 달 여행했다고도 한다.

33살 가이드 핫산_{Hassan}은 므완자 지역에 주로 사는 야메지 부족으로 영어, 러시아어, 스와힐리어, 스파니시, 야메지 부족언어 등 5개의 외국어를 한다. 러시아에서 7년간 관광 매니저 공부를 했다고 한다. 우리나라 사람이 외국어를 5개 또는 8개를 한다면 어떤 사람이 될까? 날아다닐 것 같은 사람이려니.

세렝게티의 비포장도로를 달리면서 "비포장도로는 무료 자동 마사지인데 포장도로에서는 그것이 안 된다"고 핫산이 말하여 한바탕 웃었다. 탄자니아 남성들은 마르고 근육질이 없는 사람이 많았다. 슬픈 눈을 가진 탄자니아 가이드 모스렘인 핫산이 대표적인 모습이다. 표정에서 다가오는 슬픈 느낌으로 별명을 지저스_{Jesus}라고 지어주고는 가끔 불렀다. 그리고 크리스천 드라이버 세디엘의 별명은 앞이마가 튀어나오고 재미있어서 짱구로 불렀다. 간혹 제대로 먹고 운동하고 일하는 사람은 살도 찌고 근육도 있다. 머리가 좋으며, 야무진 성격의 짱구_{jjang gu}가 그런 것 같다.

무소바 부티아마Musoma Butiama 가는 길

사륜구동 자동차는 달린다. 아프리카 탄자니아 므완자에서 무소바로 달린다. 남편의 관심 분야인 탄자니아의 니에레레 초대 대통령의 **우자마 정신**과 남아공의 만델라 대통령의 **우분투 정신**을 새롭게 되새기고자 오게 된 아프리카다. 날씨는 더웠지만 신 나게 달리는 사륜구동 자동차 안은 가을바람이 부는 것 같았다. 산도 바다도 좋지만, 광활한 아프리카 대륙을 달리고 있는 지금은 평화롭다. 정말 꿈같은 상황이다. 내가 탄자니아를 누비고 있다.

언젠가 아프리카 여행을 꿈꾼 적이 있었다. 지금 그 꿈이 실현되고 있다. 좋은 곳만 가는 것이 아니라 '의미 있고 가치 있는 곳'을 향해서는 어디든 가는 거다. 사람들이 즐기기만 하려면 우리 같은 여행은 안 할 것이다. 아루샤에 있는 한국 여행사에서는 무소바를 갔다가 세렝게티로 해서 응고롱고로는 오기가 힘들다고 했기 때문이다. 한국 여행사는 세렝게티, 응고롱고로, 킬리만자로만 여행지로 하고 있었다. 그래서 우리는 탄자니아 여행사에 부탁했고, 무소바를 갔다 온 드라이버를 물색하느라 시간도 많이 걸린 것이다.

Tip 사륜구동 자동차

4WD4wheel drive, 디젤 사륜구동으로 4바퀴 모두에 동력이 전달되어 움직이는 것으로 앞에서 끌고 뒤에서 밀기 때문에 힘이 세다. 자가용은 이륜구동으로 바퀴 2개에 동력이 전달되는 것이다.

사륜구동 자동차

므완자에서 부티아마 가는 시골 도로가의 광경

길가에는 시장이 서는 곳이 많았다

작은 시장은 매일 있지만, 큰 시장은 일주일에 한 번 마을마다 모여 큰 시장이 이루어진다고 한다. 과일을 사려고 잠깐 내렸다. 바나나만 한 다발을 샀다.

멸치가 많이 난다고 하였다.

생선 주위에는 파리 떼가 엄청났다.

탄자니아 아이들과 시장에서 신 나게 춤을

시장에서 나오는 음악에 맞추어 대여섯 살이 된 아이들이 춤을 추고 있다. 머리카락이 없어 남아인지 여아인지 구분이 안 되는 아이들이 자기들끼리 춤을 추고 있었다. 나도 신이 나서 함께 춤을 추었다. 내가 아이들과 춤을 추는 사이에 가이드 핫산이 사탕을 사 와서 나에게 주었다. 아이들에게 나누어 주라는 것이다. 나는 아이들의 입장에서 생각하지 못했다. 나만 생각하고 행동한 것이다. 핫산에게 미안한 맘이 들었다. 탄자니아 가이드에게 배운 첫 번째 배려심이었다.

부티아마 빌리지 미통고 롯지Butiama Village Mwitongo Lodge

부티아마의 관광지와 관광 비용이 적힌 안내 팻말

롯지의 방들

니에레레 대통령 조카 네마(왼쪽에서 두 번째)는 이탈리아로 유학을 가서 만난 이탈리아 남편(왼쪽 첫째)과 스위스에서 살다가 2년 전 부티아마 마을로 와서 롯지를 운영하면서 살고 있다. 롯지는 조용하고 아름다웠다.

네마의 이탈리아 남편은 탄자니아에서 본 유일한 백인이었다. 나중에 잔지바르 공항에서 여행 온 백인들을 보았지만.

미통고Mwilongo 우리가 묵은 숙소

욕실 싱크대가 돌? 시멘트? 수도꼭지는 이태리제

레스토랑 벽에 있는 마사이족 그림

레스토랑 옆에 있는 와인바의 바위는 굉장히 멋있었다.

　레스토랑에서 라면을 끓여 네마 부부와 세디엘과 핫산과 나누어 먹으면서, 부티아마를 오게 된 경위를 네마에게 설명해 주고, 부티아마 마을에 대해 대략적인 설명을 들었다.

미통고Mwitongo 레스토랑

　롯지 옆에는 니에레레 대통령 생가, 그 옆에는 니에레레 대통령 박물관이 있고, 박물관 내에는 니에레레 대통령 대리석 무덤이 있는데, 천주교를 믿어 꽃들과 함께 성모상도 있다. 니에레레 대통령 아들이 살고 있으며, 네마 자신이 니에레레 대통령 조카라고 설명해주었다.

탄자니아 바오 게임Bao Game

만칼라Mancala 보드게임의 한 일종으로 케냐, 탄자니아, 코모로, 말라위에서 주로 즐긴다. 만칼라는 논리력과 사고력을 위한 게임으로 7세기 이전 이집트에서 처음 만들어져 아프리카 전역과 서아시아, 인도까지 전파된 역사 깊은 게임이다. 아프리카 일부 부족에서는 만칼라를 이용해 족장을 뽑기도 했다.

롯지에 도착해서 쉬는 동안에 세디엘과 게임을 했다. 내가 모른다고 세디엘이 나를 속여 몇 번 속았다. 계속 웃기려고 또 속이려 했으나 그 뒤로는 속지 않았지만 결국은 지고 말았다. 상대방의 구슬을 먹는 것인데 할 수는 있어도 설명하기는 쉽지가 않다. 게임기를 하나 사오고 싶었으나 너무 무거워서 포기했다. 그냥 한국에서 만들어보리라 생각했다.

세디엘과 남편도 게임을 했다.

'우자마Ujamaa' 정신을 창출한
줄리어스 니에레레Julius Nyerere
1922.4.13.~1999.10.14.(77세)

1953년 탕가니카 아프리카인 민족동맹TANU을 결성해 당수가 되었고, 1961년 탕가니카 자치정부 초대 수상을 하다가 1962년 탕가니카 초대 대통령이 되었다. 1964년 탕가니카와 잔지바르가 통합해 탄자니아 연합공화국이 성립되면서 탄자니아 연합공화국 초대 대통령으로 취임했다.

니에레레는 자나키 부족Zanaki Tribe이며, 교육학을 전공한 문학석사이다. 2005년부터 10년간 대통령을 한 자카야 키크웨크도 자나키 부족이다. 2015년부터는 존 마구폴리 현 대통령이다.

20년(1964~1984년)을 집권한 니에레레 대통령은 탄자니아의 129개나 되는 부족들을 아우르는 "네 것이 내 것이고, 내 것이 네 것이다"라는 인류애 우자마Ujamaa 정신을 창출하고 시도한 앞서가는 대통령이었다. 우자마Ujamaa는 자력갱생self reliance, 모든 사람은 동일하다는 동등equal, 공동체라는 통합Unit, 하나라는 일체Oneness의 정신이다. 그래서 종교가 달라도, 사상이 달라도, 종족이 달라도 동등equal하고, 빈부차가 없고, 타인과의 차이difference를 인정하는 것이다.

니에레레는 몸에 대한 통제, 정신에 대한 통제, 환경에 대한 통제를 할 수 있어야만 진정한 자유를 누릴 수 있다고도 했다.

전통복을 입은 니에레레 대통령

니에레레의 생가

하지만 우자마는 '네 것이 내 것이고, 내 것이 네 것이다.'라는 인류애 정신으로 '네 문제가 내 문제이다'Your problem is my problem였는데, 최근 자본주의Capitalism로 '네 문제는 네 문제이고, 내 문제는

니에레레 대통령 부부

오직 내 문제이다'Your problem is your problem. My problem is only my problem로 점차 변화되고 있다.

그렇지만 어디를 가나 일등 아니면 최고를 따지고, 누구나 자신이 최고라고 생각하는 우리나라와는 차원이 다르다. 우리나라는 탄자니아와 반대로 빈부차 없이 모든 사람이 동등하게 하나라는 정신으로 가야 한다. 그래야만 자살 1위국에서 벗어나고, 부정부패와 사건 사고가 발생하지 않는 행복한 대한민국이 될 수 있다. 그렇게 되기를 희망해 본다.

니에레레의 연설 그림

응접실

니에레레의 동상

식량을 저장했던 창고들

니에레레 기념관 _{Julias Nyerere Museum}

니에레레의 대리석 묘

니에레레 묘_{Mausolwum}는 드라이버 세디엘은 와본 적이 있는 부티아마지만, 가이드 핫산은 처음 온 곳이다. 가는 곳마다 우리와 사진을 찍고, 니에레레 무덤에서는 눈물을 흘렸다.

1999년 니에레레 대통령이 사망했을 때 핫산은 10살로 멀리서 보고 존경하는 마음이 들었다고 했다. 한참 동안 앉아서 조용히 눈물을 흘리는 핫산을 보고 진실로 존경하는구나 생각되었다.

나는 존경하는 사람이 있는가?

나는 과연 대한민국에서 존경하는 사람이 한 사람이라도 있는가 생각해보았다. 이전에 한번 잠깐 마음속으로 생각한 존경하는 세 분이 있다. 한 분은 말과 행동이 일치하시는 교수다운 교수이신 남편의 학사, 석사, 박사 지도 교수님이시다. 마지막 수정을 하고 있는 지금(2019년 7월 20일) 89세로 돌아가셨다고 한다. 훌륭하신 한 분이 가셔서 가슴이 아프다. 한 분은 신학대학 교수로 첫째 딸 주례를 해주신 남편의 선배님으로, 얼굴에는 고요하면서 진지함이 느껴지는 예수님 같은 분이다. 마지막 한 분은 남편 선배이며 시인이시고 한마디만 해도 십 리의 마음을 헤아리시는 예리한 호주의 도담 선생님이시다. 2012년 8월에서 2013년에 7월까지 남편과 함께 살았던 시드니에서 한 블록 건너 살면서 거의 9개월이란 시간을 함께 하였던 분이다. 세월이 흘러 지금은 어떻게 변하셨을까 궁금하다. 도담 선생님은 다가오는 2019년 8월 2일 (오늘은 2019년 6월 20일) 시드니 리바이블 여행을 가서 뵐 수 있다. 6년 만에 보고 싶은 사람들을 만나러 갈 것을 생각하니 가슴도 뛴다.

니에레레의 아들 Madaraka Nyerere

마다라카 니에레레 Madaraka Nyerere 명함

니에레레 대통령 5번째 부인의 아들 Madaraka Nyerere가 박물관 관장을 하고 있지만, 술만 먹고 지낸다고 하였다.

탄자니아 미 대사관 영사는 '한국' 여성

롯지에는 오는 날이 장날이라고 탄자니아 미 대사관 직원들이 박물관과 생가를 보고 우리와 함께 롯지에서 숙박을 했다. 많은 사람이 경호를 하였다. 탄자니아 미 대사관 영사(대사 없는)는 한국 여성(오른쪽 두 번째)으로 남편은 미국인이었다.

오른쪽 백인이 영사 남편

아주 뜻깊은 자리였다

롯지 여자 사장은 탄자니아 주재 미영사 한국인과 나와 자기는 3명의 대단한 여자라고 했다. 어떤 의미에서 그랬는지 몰라도 아마 만나기 힘든 지역에서 힘들게 만난 여자들이어서인가 생각되었다.

미통고 마을 산책

아침 산책에서 만난 미통고 여인

니에레레 대통령이 다녔던 성당

평일이어서 허락을 맡고 들어간 동네 천주교 성당

성당에는 니에레레 대통령 부인과 아들이 앉는 앞자리

성가를 부를 때 박자를 맞추는 악기 젬베Jembe

미통고Mwitongo 롯지를 떠나면서

부티아마 초등학교 B

니에레레가 만든 부티아마 마을 학교 A, B 중에서 B를 보았다.

교실에 있던 아이들의 함성은 우리를 연예인으로 만들었다.

아이들의 환영 노래

어린 학생들의 환영의 노래를 듣고 답가로 남편과 춤을 추면서 아리랑을 불렀다. 그리고 아이들에게 열심히 공부하고 책을 많이 읽어서 니에레레 대통령처럼 훌륭한 사람이 되라고 말해주었다. 니에레레 손자들도 있었다.

어린 학생들에게 사탕이나 문구류라도 선물했어야 하는데, 미리 준
비하지 못한 것이 아쉬웠다. 볼펜을 많이 가져간 것을 임마누엘에게 다
주어 버렸으니….

한 교실에 무려 150명이었다

교실바닥에 앉아서 공부하는 어린 학생들도

너무 깜짝 놀랐다. 이럴 수가 있는가? 어린 학생들 반은 바닥에도 앉아있다. 우리나라도 옛날에 그랬을까? 하지만 자리가 부족하여 바닥에 앉아서도 공부하는 것을 보면, 지금은 고통스러워도 탄자니아의 미래는 밝아 보였다.

세계의 공용어는 역시 영어

초등학교 어린이들에게 선생님이 수업을 하시다가 우리가 들어가니까 표를 그리면서 나라와 사람과 언어가 달라도 서로 소통할 수 있는 것은 세계의 공용어로 영어가 사용되기 때문이라며 영어의 중요성에 대해서 강조하였다.

ENGLISH		
Country(나라)	Citizen(시민)	Language(언어)
Tanzania	Tanzanian	Kiswahili(스와힐리어)
South Korea	Koreans	?

남자 선생님이 급히 써준 편지

선생님은 우리에게 무언가를 알려주려고 교무실에서 서둘렀다. 이 학교가 생기게 된 과정을 종이에 써서 주었다.

운동장의 학생들

초등학교 급식을 위한 주방

주방장님과 우리를 안내한 선생님께 감사하다고 인사했다.

세렝게티|Serengeti **국립공원**

유네스코 세계문화유산으로 등록된 세렝게티는 가장 오래되고 인기 있는 국립공원이며, 세계의 새로운 7대 불가사의 중 하나이다. 신선한 목초지를 찾아 하나가 되어 행진해가는 600만에 이르는 동물들의 대이동은 유명하다고 한다.

신고하고 들어가는 세렝게티 입구

세렝게티에 들어서서 있는 휴게소

세렝게티에 들어서서 휴게소에서 커피를 마시며 새로운 세계 '동물의 파라다이스(천국)'를 향하여 마음의 준비를 했다.

세렝게티를 향해서 오늘을 시작한다

삶은 여행이다. 가고 가는 것이니까. 삶은 버리는 것이다. 물건의 쓰레기와 마음의 찌꺼기도. 아름다움이 순간이라면 행복도 감동도 순간이다. 하지만 젊은 나이에 그리도 가고 싶었던 미지의 아프리카 여행이다. 육십을 넘은 이 나이에 동물에 대해서는 별 기대 없이 그냥 가는 길이니까 간다. 다른 여행자들이 다 가는 곳이라서.

드라이버끼리의 소통

라디오에서, 그리고 마주 오는 자동차 드라이버에게서 동물들이 어디에 있는지 정보를 알고 그 길로 가게 된다.

기대하지 않았으나 동물이 나타나면 정신이 번쩍 든다

아침의 에너지를 위해서 억지로 요기를 하고, 동물을 보면서 가다가 롯지에서 싸준 도시락으로 야외 차에 앉아서 점심을 해결한다. 그리고는 다시 달린다. 비포장도로가 많은 길에서 사륜구동 디젤차가 달리면 뒤따라 흙바람이 날려서 눈을 뜰 수가 없다. 마스크만 겨우 하고 가다 보면 머리도 버석거리고, 온통 흙먼지투성이가 된다. 그러다가도 동물들이 나타나면, 기대하지 않고 간 여행이지만, 잘 보려고 정신이 번쩍 든다.

얼룩말Zebra 엉덩이가 멀리서 보기에도 반들반들 윤이 난다.

도로에 걸어 다니는 동물들

도로에 동물들이 있는 것을 보고, 아스팔트를 안 하는 이유가 동물들이 지나다니고 있어서라는 것을 이해하였다.

원숭이|Monkey

가젤|Gazzel

호수에는 냄새가 코를 찌른다. 하마 수명은 45년 정도이며, 몸무게는 3,000kg이라고 한다.

하마Hippo

기린giraffe

버펄로 Buffalo

세렝게티 세레나 롯지Serengeti Serena lodge

지도상 롯지의 위치가 어디인지 경도, 위도, 고도가 적혀있다.

롯지에는 사륜구동 자동차들이 모여든다.

롯지 규칙

야생 동물을 조심하고_{Beware of} wild animal, 밖으로 나올 때는 안전요원을 꼭 부르라고 강조하였다.

특이한 열쇠함

물수건과 주스

세렝게티 비포장도로에서 덮어쓴 먼지로 인해서 호텔 롯지 입구에서는 오는 손님들에게 물수건을 주어 손을 닦게 하고, 여행 가방도 물수건으로 닦아주었다. 가방을 닦아주는 것은 비포장도로의 먼지로 인해 생긴 세렝게티만의 서비스려니.

또한 가는 곳마다 주스를 주는데 컵이 찝찝하여 먹고 싶지 않았지만, 성의를 무시하는 것 같아 먹었는데 별 탈은 나지 않아 다행이었다.

스탠드바

레스토랑의 특이한 천장

레스토랑

롯지에서 우리가 묵은 곳

롯지의 우리방

모기장

뷔페 레스토랑 입구

식사시간 전 환영식

롯지 수영장

세렝게티 롯지를 떠나면서 롯지 직원들이 가방까지 들어주었다.

옹고롱고로Ngorongoro의 비포장도로를 달리다

다시 달린다. 무소바에서 세렝게티를 갈 때 학교 근처에서 드라이버
는 어김없이 천천히 달려 우리를 아주 마음 편하게 했다.

비포장도로가 많은 길에서 사륜구동 디젤차가 달리면 또한 어김없이
흙바람을 날려서 마스크를 해야 한다. 머리도 버석거리고…. 짜증이 나
다가도 동물이 나타나면 어느새 정신이 번쩍!

게임 드라이버Game Drive

4마리의 사자와 수많은 버펄로가 싸우는 것을 보고, 핫산도 짱구도
호기심으로 사진을 찍으며 누가 이기나 보는 것이 신이 났지만 결국은
무승부로 끝났다. 역시 사자는 굉장하였다. 사륜구동차들이 구경하려
고 줄줄이 서 있다. 참 재미있다. 이 맛이 여행 일정에 있었던 Game
Drive구나 생각되었다.

사자 4마리 중 한 마리

화장실에 가기 위해 들른 휴게소

아프리카, 당신이 있기에 우리 모두가 있다

수많은 버펄로

자동차가 지나가면 여지없이 동물들도 먼지투성이가 된다

자연을 훼손해서 아스팔트를 안 하는가 하는 생각이 들긴 했다. 휴대
폰 렌즈에도 먼지투성이로 사진이 뿌옇다.

롯지에서 싸준 도시락을 먹은 휴게소

휴게소에서 본 컬러풀한 도마뱀

옹고롱고로 얼룩말도 반들반들 윤이 나고 고동색도 있다.

기린도 윤이 반들반들 나고, 얼룩말과 어울려서 잘 논다.

누 Wildebeest

옹고롱고로 가기 전 마리아라 국립공원 호수에는 홍학들이 있었다.

아프리카, 당신이 있기에 우리 모두가 있다

가시나무 초원에 살고있는 마사이족들

12세, 10세에 이미 결혼한 마사이 어린 여성들

당나귀를 키우는 마사이족

옹고롱고로를 지나가다가 점심으로 싸온 도시락을 먹는데, 마사이족 어린 여자아이들 3명이 근처에서 당나귀에게 먹이를 먹이고 있었다.

마사이족들에게 먹고 남은 빵과 물을 주었다

마사이 어린 여성들에게 우리가 점심으로 먹고 남은 물과 빵을 핫산이 다 주었다. 별 고마움의 인사 없이 받는다. 있으면 주고 없으면 얻어 먹는 것이 당연하다고 여기는 탄자니아니까 그렇구나 하는 생각이 들었다.

처음 만나는 마사이족들에게 호기심이 발동했다

가까이에서 보는 마사이족들이 신기했다. 짱구가 마사이어를 아니까 우리가 궁금한 것을 물어보고, 그들의 대답을 영어로 알려주었다. 그들의 얘기는 우리를 매우 놀라게 하였다.

세 번째 부인으로 결혼한 12살 어린 여성은 자녀가 다섯 명이다

3명의 어린 여자아이들은 12살, 10살, 8살이었는데, 두 명은 이미 결혼했다는 것이다. 결혼한 마사이 어린 여성들에 대해 더욱 궁금해졌다. 12살 여성은 3번째 부인으로 결혼했는데, 첫 부인에게 자녀가 3명이고, 둘째 부인에게는 2명의 자녀가 있다고 한다.

10살 여성은 2번째 결혼으로 첫 부인에게 2명의 자녀가 있다고 한다. 8살 여자아이는 12살 여성의 동생이 된다고 하였다. 어린 이 여성들은 본인의 의사와 상관없이 강압적으로 결혼하며, 부부관계도 남자 마음대로라고 한다. 얼마나 무서울까? 불쌍한 마음이 들었다.

어른 키의 절반밖에 안 되는 12살, 10살. 아직 자라지도 않은 어린아이들은 폭력에 의해 결혼을 하게 되며, 딸을 가진 부모들은 돈을 구하기 위하여 딸을 일찍 결혼시킨다. 차이는 있지만 대략 소 열 마리를 주고 여자를 데려가므로 소를 많이 가진 남자들이 부인을 많이 둔다고 한다.

마사이족들은 깡말랐다

마사이족들은 걷기를 밥 먹듯이 하니까 살이 찌지 않는다. 뚱뚱한 사람을 한 명도 보지 못했다. 지나가던 깡마른 30살 마사이 남자는 부인이 한 명으로 아직 자녀가 없지만, 소가 없어서 더 부인을 둘 수가 없다고 하였다.

나무지게를 이마나 가슴으로 메고 가는 마사이 여성들

어깨에 메는 지게가 아니라 이마나 가슴으로 메는 지게로 나무를 지고 가는 여성 마사이족들을 자동차 안에서 사진을 찍는데도 돈을 달라고 하였다. 마사이족들은 살아가는 현실 그대로의 모습을 찍는데도 모델료를 주어야 한다. 당연한 것이라고 생각하며 말이 아니라 몸으로 달라고 손을 내민다.

마사이 부족 마을

탄자니아와 케냐 경계 지역에 군데군데 마을을 만들고 산다

마사이족들이 길거리 여기저기서 걸어 다니는 것이 보이고, 여기저기 마사이 빌리지도 보인다. 마을의 젊은 남자 안내자는 우리에게 돈을 받아서 나이 많은 마사이족(아마도 족장)에게 주고 우리를 안내한다.

영어로 설명하는 마사이족 안내자

안내자는 영어를 잘했으며 부인이 2명인데 2명을 더 부인으로 둘 예정이라고 하며, 마사이 학교에서 수학, 영어를 가르친다고 하였다. 휴대전화도 사용하고 있었으며, 이 부락의 미사이족 128명 중 2명이 영어 선생이라고 했다. 탄자니아 사람들의 평균 수명은 50세라고 하는데, 마사이족들은 하루 100km를 워킹하며 150세, 135세까지도 산다고 하였다. 양고기와 쇠고기, 우유를 먹고, 채소는 안 먹는다고 했다. 장수 비결이 고기를 먹고 많이 걷는 것인가 보다.

안내자의 두 부인

두 부인은 흑인들 중에서는 예쁜 얼굴이었다. 그런데 옷만 아니면 남자인지 여자인지 구분이 힘들다. 머리가 빡빡이라.

마사이 부족 남자들

마사이 부족 남자들은 '낭가(혹은 탕가)'라는 붉은색 체크무늬 천으로 몸을 두르고, 마사이 막대기를 들고 다닌다. 막대기는 전사warriar로서 위

험 상황에서 싸울 때나 걸을 때 사용되며, 때에 따라서는 바닥에 글을 쓸 때도 사용된다.

모두 타이어 샌들을 신고는 있다.

마사이 부족 여자들

팔 물건들이 전시되어 있다

목걸이, 팔찌, 그릇 등 만들어서 가시나무로 만든 판에 물건들을 전시해놓았으나 살 만한 게 없었다.

마사이 여성들의 유일한 멋

복잡한 귀걸이와 목걸이를 하는 것이 유일한 멋인지 여성들은 엄청나게 장신구를 하고 있다.

부인 수만큼 움막집이 필요하다.

바쁠 것도 없어 보인다.

안내자의 움막

전체적인 설명을 한 후 관
광객은 다 흩어지고 우리만
안내자의 움막으로 들어갔다.

대낮에도 컴컴한 움막 안

밖은 대낮인데도 움막 안은
컴컴해서 자세히 보이지 않는
다. 잠잘 곳이 있고, 밥해 먹
을 도구들이 있는 것 같았다.
의자들이 있어서 잠깐 앉았다
가 답답해서 나왔다.

가시나무 담벼락 사이로 나오는 문이 있다.

마사이 학교

마을과 조금 떨어진 곳에 움막을 하나 지어두고 학교라고 하였다. 그
래도 움막집보다는 크며, 지붕도 높았다.

초록색이 교복인가 여러 명이 입었다. 여자인지 남자인지 도저히 모르겠다.

나이가 제일 많아 보이는 아이가 앞에 나와서 칠판의 수학 문제를 짚어가면서 풀고 있다. 스와힐리어, 영어 알파벳도 적혀있다.

옹고롱고로 분화구(마사이 마을을 지나)

자연 보호 구역의 핵심은 자연 속에서 사람과 야생동물이 생태계를 공유하며 평화롭게 공존하고 있다는 것이다. 구역 내에 있는 올두바이 협곡은 2백만 년 전 인류 조상들의 고향으로 도구를 만들어 사용한 초기 인류인 호모 하빌리스를 비롯한 다양한 인류가 살았고, 기린, 얼룩말, 버펄로, 사자, 임팔라, 원숭이, 하마 등도 살고 있다.

옹고롱고로 분화구의 보호구역 방향 Viewpoint 을 지나 보호구역을 벗어났다. 들어갈 때도 신고하였지만, 나가는 것도 신고해야 한다. 보호구역은 24시간 이상을 지체할 수가 없다. 지체하게 되면 문제가 생긴 것으로 보고 조사를 시작한다고 한다.

세렝게티, 옹고롱고로를 지나 분화구에 오니까 공기가 맑아서 가슴이 시원해졌다. 아프리카의 큰 고개를 지난 것 같다.

보호구역을 나오는 곳에는 개코원숭이들이 많았다

개코원숭이가 붕가붕가하는 거(짱구가 짝짓기하는 것을 보고 말함)와 젖
먹이는 모습도 보았다.

나무로 만든 다양한 동물들 가게

보호구역을 벗어나 마을로 오니 물건 파는 가게가 많았다. 가이드는
물건을 살 때는 많이 깎으라고 했다.

185USD 부르는 얼룩말_{Zebra} 나무 인형을 47USD에 샀다

나무로 만든 많은 동물 중에서 내 눈에 들어온 것은 엉덩이가 눈에
띄게 윤이 나는 얼룩말 모녀였다. 흰 바탕에 검은 줄인지, 검은 바탕에
흰 줄인지 알 수 없는 얼룩말이다. 모녀가 붙어있는 조금 큰 나무 인형
을 샀다.

가이드가 값을 여러 차례 흥정해서 사라고 미리 알려 주어서 느긋
하게 흥정하려고 마음먹었다. 처음 1개에 185USD를 부른다. 안 되면
안 사면 되니까 난 50USD를 말했다. 다시 120USD를 부른다. 그래
서 두 딸에게 주려고 3개를 가지고 100USD 하자고 말했다. 안 된다고
하면서 3개에 360USD를 부른다. 내가 처음 말한 50USD에 3개니까
150USD를 말하려다 10USD를 더 깎아서 140USD를 불렀다. 그렇게
안 하면 간다고 했다. 그랬더니 오케이다. 손해 본 것인지 몰라도 개당
5만 원 준 격이다. 1개 가격으로 따져보면 처음엔 185USD, 두 번째는
120USD 부르던 것을 난 47USD에 산 거다. 맘에 드는 것을 적당한 가
격에 사서 기분이 좋았다. 하지만 바가지 쓴 것일 수도 있다. 그래도 지
불할 만큼 적당히 지불했다고 생각한다.

꿈의 농장 롯지Farm of dream lodge

TWIGA VILLAGE

옹고롱고로와 마사이 마을을 지나 도착한 TWIGA VILLAGE 안에
있는 드림 롯지에는 사람들이 별로 없어서 아주 조용했다.

어린 학생들이 봉사하면서 일을 배우고 있다고 하면서 가방을 우리 숙소까지 가져다주었다.

우리가 묵은 숙소

숙소의 모기장

우자마 정신이 깃든 대우받은 저녁 식사

우리가 식사하는 시간에는 세 커플만이 있었는데, 따로 앉아서 두세 명이 서빙해주는 대우 받는 식사였다. Soup이 맛있어서 한 그릇 더 먹었다. 그야말로 롯지의 이름처럼 꿈의 농장Dream Farm이었다. 그러나 야외에서 먹는 저녁 식사여서 조금 추웠다.

　우리에게 서빙해주는 젊은 여자, 남자들과 우자마에 대해 어떻게 알고 있는지 물어보았다. 중고등학교 때 배웠으며, 우자마는 통합unity, 친밀감intimacy의 정신이라고 표현했다. 탄자니아 사람들은 기본적으로 우자마 정신을 다 배우는구나 생각되었다.

우리도 가칭 '민족애의 헌장'이 필요한 시기다

　아프리카 탄자니아도 '함께 잘 살아가는 노하우'가 있는데, 더 잘사는 우리나라는 왜 그러한 '민족 대대로 이어지는 정신'이 없는가? 국가에 대한 자긍심을 가질 수 있도록 해야 하지 않을까?

　오래전 중고등학교 시절 '나는 민족중흥의 역사적 사명을 띠고 이 땅에 태어났다'로 시작하는 '국민 교육헌장'을 열심히 외워서 매일 아침 수업 시작 전에 낭독한 것이 생각났다. 그때는 싫었지만 그와 같은 민족애 정신이 지금은 필요하다고 생각된다. 교육헌장이 아니라 가칭 '민족애의 헌장'으로 말이다.

탄자나이트

롯지에서 아루샤로 출발하면서 탄자나이트 보석 쇼핑센터를 들렀다. 유일하게 탄자니아에서만 나오는 보석이 탄자나이트이다.

몇몇 남자 마사이족들이 4대 보석에 준하는 가치를 가진 탄자나이트를 파는 선물가게 탄자나이트(탄자나이트는 진한 감색이지만 열처리를 하면 맑은 라벤더 색으로 변한다)에서 물건을 팔고 있었다. 마냥 놀며 관광객에게서 나오는 돈으로만 사는 줄 알았더니 돈을 벌기도 하였다.

세계 4대 보석

다이아몬드는 세상에서 가장 단단한 물질로 한 가지 원소인 탄소로 구성되어있고, **루비**는 강옥이란 광물 중 적색을 띠는 투명한 광물이며, **사파이어**는 강옥이란 광물 중 적색 이외의 투명한 광물로 청색을 띠는 것을 주로 사파이어라고 한다. **에메랄드**는 녹주석이라는 광물로서 녹색의 투명한 광물이다. 5대 보석이라고 하면 서양에서는 **자수정**, 동양 중국에서는 **옥**, 일본에서는 **진주**를 포함시킨다고 한다.

탄자나이트에서 일하는 마사이족

탄자나이트 가게 안

아프리칸 갤러리아

함께 어울리는 공동체 우자마의 정신을 나타낸 작품

▶ 마사이 어린 남자 역시 남자라고
막대기를 가지고 있었다.

다시 달리다 보니 또 마사이족 마을이 보였다.

중국인이 하는 아루샤 한국 식당에서 식사를…

세렝게티, 킬리만자로의 관문, 아루샤Arusha

카로레니 중학교Kaloleni Secondary School

중학교Secondary School 교문

교정

아루샤 중학교 교장의 허가를 받고 학교를 둘러보았다.

드라이버 세디엘의 부인이 지리 교사

"당신의 목표가 독수리로 나는 것이라면, 왜 치킨으로 시간을 허비하느냐If your goal is to fly with eagles why waste your time with chicken?"

페인트칠이 벗겨진 학교 벽에 적힌 슬로건은 '목표를 향해서 열심히 노력하라'는 의미가 있었다.

생물학Biology 공부

교실에 들어갔을 때 학생들은 우리를 환영해주었고, 걸을 때 다리의 근육들이 어떻게 연결되어 움직이는지에 대한 공부를 하고 있었다. 우리의 중고등학교 때는 배우지 않았던 부분으로 내가 보기에는 어려워 보였다.

"학문적 우수성을 향상시키기 위해 영어로 말하라_{Speak English to improve your}

_{Academic exellence}"는 슬로건

스와힐리어를 사용하는 탄자니아에서도 영어를 강조하였다.

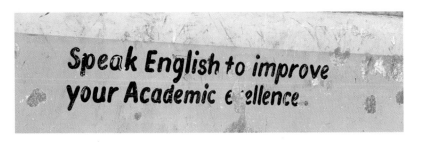

아루샤 중학교 화장실 표시

화장실 표시는 사람 그림으로 되어있었는데 마사이족의 막대기를 들
고 있는 쪽이 남자 화장실이고, 목걸이를 하고 있는 곳이 여자 화장실
이었다. 손에는 무엇인가(?) 서로 다른 것을 들고 있었다. 화장실 안에
들어가 보지 못한 것이 조금 아쉬웠다.

학교를 보고 잔지바르 섬을 가기 위해서 킬리만자로 공항으로 이동
하였다.

킬리만자로 마운틴

출발하기 전부터 우리는 아프리카를 여행하기에는 나이가 많다고 생
각했다. 그래서 킬리만자로산을 가는 것은 애초에 계획하지 않았으나
킬리만자로 베이스캠프 마을에서 하룻밤 자면서 멀리서나마 보려고 임
마누엘에게 누누이 말을 했었다. 그러나 베이스캠프 호텔이 아니고 옹
고롱고로 드림롯지에서 묵게 되면서 마음속으로는 포기하고 있었는데,
아루샤에서 킬리만자로 공항을 가는 도중에 구름에 가려진 킬리만자로
산을 멀리서나마 보게 되어 다행이었다. 감개무량했다.

보일 듯 하는 킬리만자로 산 정상

구름이 조금 걷혀서 전체적인 윤곽을 느꼈다

구름에 가려져 안 보였다가 구름이 지나가면서 산을 볼 수 있어서 아
주 기분이 좋았다. 해발 5,895m로 아프리카에서는 최고봉으로 아프리

카의 지붕이라고 불린다. 아루샤에서 128km 거리에 위치하며, 트레킹할 때 고산병을 피하려면 서서히 일주일 정도 훈련해야 한다고 한다.

아프리카에서 가장 높은 산은 탄자니아 킬리만자로산, 두 번째 케냐산, 세 번째가 탄자니아 메루산이라고 한다.

킬라만자로 공항에서 Air Tanzania 타고

도착한 잔지바르 공항은 어두웠다.

Zanzibar 섬

　전설적인 향신료의 섬, 동아프리카 노예 무역, 오염되지 않은 새하얀 모래사장 등이 매력적이라고 한다. 대통령이 따로 있는 잔지바르는 모슬렘 95%이다. 남자는 흰옷, 여자는 검은 옷과 히잡을 쓰고 있다. 모슬렘도 기독교처럼 종파가 많다고 한다.

　금요일 점심부터 옷을 차려입고 사원에 가며 금요일은 우리의 토요일처럼 반휴로 되어있다.

아랍풍의 잔지바르 파크하이야트 호텔

천장과 모기장

욕조와 세면대

뷔페 레스토랑

호텔 아침식사

저녁은 맛있는 낙지구이와 오징어 튀김

속이 텅 빈 빵, 맛도 괜찮았다.

호텔 와인 파티 초대

호텔 매니저가 작품들이 전시되어있는 호텔 야외에서 와인 파티를 한다고 저녁 식사 시간 전에 초대하여 잠깐 참석했다.

'내 생의 마지막은 어떨까?

아프리카 탄자니아 잔지바르 파크하이야트 호텔 야외 레스토랑에서 와인에 취해, 태양이 사라지는 아름다움에 취해 '내 생의 마지막은 어떨까?'라는 의문이 생겼다. 지금까지 나의 삶이 아름다움과는 거리가 멀었지만, 내 삶의 마지막에는 아름다움을 발하고 싶다. 한 번만이라도….

"아침의 태양이 떠서 세상을 밝히고, 태양이 질 때 아름다움을 발하듯, 내 인생의 마지막에 아름다움을 발할 수가 있을까?"

임마누엘과 밤늦도록 의미 있는 대화

남편은 핀란드와 일본에서 공부하고 서울대학교 박사 학위를 받은 임마누엘과 낮에 산 책들을 보면서 토론을 하였다. 나는 들어주는 걸로 한몫 거들었다.

주제는 시민이라면 '완벽한 교양 있는 사회를 창조하라Create perfect Informed society'는 것이다.

'우리 사회가 완벽한 사회Perfect society가 되기 위해서는 교양 있는 시민Informed citizen이 되어야 하고, 교양 있는 시민Informed citizen이 되기 위해서는 평생학습lifelong learning을 하여야만 완벽한 사회를 창조Create할 수 있다'는 것이다.

결국 모든 사람이 평생학습lifelong learning을 해서 교양 있는 시민Informed citizen이 되어야 완벽한 사회perfect society가 될 수 있다. 그러면 정의롭고 행복한 사회Justice happiness society가 될 수 있다는 것이다.

하지만 계약사회Contracted Society 인 자본주의에서는 바게인 할 경우 강자에게 유리하기 때문에 약자에게 권한Empowerment을 주어야 한다. 또한 완벽한 사회Perfect Society가 되기 위해서는 비전 새로 세우기Revision, 재건설Rebuilding, 갱신Renew을 해야 하며 지역사회Local Society, 국가사회National Society, 국제사회Global Society가 융합되어야 가능하다는 것이다.

그러나 평생학습lifelong learning을 하는 것은 결국 모든 것이 개인에게 달려있기에Depend on self 사람들이 그러한 의식을 가지고 실천하기에는 시간이 걸린다는 것이다.

많은 대화 가운데 내 귀로 들을 수 있는 한도는 여기까지였다.

바닷가 야시장 구경

바닷가 야시장에서는 어린이의 생일파티도 하고 있었다.

잔지바르 해변의 아침

밤에 야시장이었던 스톤타운 바닷가의 아침 모습이다. 스톤 타운 반
대편의 해변이 아름답다고 하는데 가지 않고, 시내 쪽 해변만 보고 스
톤타운 시내만 누볐다.

피곤한 아침 얼굴 표정

잔지바르 대학교 방문

학교복도에서 만난 학생들

학교 정문에서

학교 정원에서 그룹스터디를 하고 있었다.

도서관 책 빌리는 곳

도서관 공부하는 곳

대학 내 코이카 간판

대학 내에 코이카 간판이 있었다. 반가워서 한국인이 있나 들어가 보았다. 한국인들은 없었고 '물을 정화하는 연구'가 진행 중이었다.

연구 진행 중에는 출입을 제한하고 있었다.

허락을 맡고 들어갔다.

해삼과 꽃게가 물을 정화시키는 것을 처음 알았다.

여러 가지 방법으로 얼마나 정화되는지 실험한다.

스톤타운Stone Town 골목길을 누비다

잔지바르 시내 책방

임마누엘이 안내한 한군데밖에 없는 시내 책방은 점심시간에 문을 닫아 두 번째로 다시 갔다. 서점 주인 할아버지는 사진도 안 찍으려고 하면서 니에레레 대통령에 관한 책을 사려는 남편에게 당신에게 이 책이 왜 필요 하느냐면서 못마땅해 했다. 남편은 대꾸도 하지 않고 책만 골랐다.

길거리에는 공부가 끝난 중고등 학생들이 집으로 가고 있었다.

옛 노예 시장 자리에는 있는 대성당과 노예 박물관

노예 박물관 입구에는 들어가려는 사람들이 기다리고 있다.

노예 전시장에 나가기 전 대기장소(사진은 찍지 못했다)

땀이 눈물처럼 흐른다. 슬퍼서가 아니라 더워서.

그러다 눈물이 날 것 같은 모습들을 보았다. 노예들이 노예 매매시장에 나가기 전에 대기하고 있는 장소는 참으로 가슴 아픈 모습이었다. 사람 다니는 좁은 통로 하나를 중간에 두고 양옆으로 허리 정도 높이에 있는 다락 같은 작은 장소였다. 한 방은 남자 50명, 한 방은 아이들과 여자들이 대기했다. 대소변도 그 자리에서 보고, 그 자리에서 먹는다. 이것을 본 흑인들은 어떤 생각이 들고, 백인들은 어떤 생각이 들까? 참 궁금했다. 노예가 팔리지 않으면 공기가 통하지 않아 2~3일이면 죽는다고 한다. 굶어서 그리고 숨 막혀서….

노예 전시장의 옛 모습

서로 쇠사슬로 묶여있다.

그룹으로 묶어서 코끼리 상아를 이동시키기도 하고

코끼리의 위턱에 붙어서 평생 자라는 엄니는 상아로, 조각하여 장식
품으로 사용되는데, 사람 무게가 넘는 것도 있다고 한다.

❶ 해방된 노예들로, 성공회 선교 간호사를 만들기도 했다
❷ 선교사에 의해 구조된 아이 ❸ 부자 노예 상인

모슬렘 사원

잔지바르는 모슬렘이 90%여서 사원을 가보았지만, 금요일이 아니어
서 사람들은 없었다.

잔지바르 공항

다르에스살람으로 가려고 Costal Aviation 항공을 타러가다.

공항 티켓팅를 하는 곳

보딩하려고 기다리는 사람들

탄자니아에서 본 백인 여행객 가족

15인승 경비행기

잔지바르에서 다르에스살람까지 15인승 비행기를 타고 20분 동안 가는데 겁이 몹시 났다. 조종사가 바로 앞에서 움직이는 게 다 보였다. 물마시고 볼펜으로 적고 등등.

국내선 비행기 항공료

비행기의 시간은 종잡을 수가 없다. 시간이 안 되었어도 사람이 차면 버스처럼 출발해버린다.

Dar es Salaam – Mwanza   230USD

Kilimanjaro – Zanzibar   230USD

Zanzibar – Dar es salaam   80USD

다시 다르에스살람으로

다시 온 SlipWay Hotel에서 바라본 해변

탄자니아를 한 바퀴 돌아 다시 다르에스살람으로 왔다.

한국식당 '궁'

환경이 깨끗하지는 않았다. 우리는 주인이 아프리카 탄자니아에서 만
나는 한국 사람이라 반가웠지만 한국 사람이 많이 오는지 우리 마음과

는 달리 우리를 그렇게 반가워하지 않는 얼굴이라 기분이 꿀꿀했다. 그래도 남편은 늘 좋아하는 낙지볶음밥, 난 순두부찌개로 점심을 먹었다. 임마누엘과 젊은 드라이버 친구는 맵지 않은 불고기덮밥으로 먹었다. 음식은 깔끔하게 차려졌고 오랜만에 먹는 한국 음식이라 맛은 있었다.

낙지볶음밥과 밑반찬은 먹음직스러웠다.

다 먹고 나올 때는 사장님과 그나마 이야기를 나누긴 했다. 사장님은 아직 세렝게티를 가보지 못했다고 하였다.

뮤지움 빌리지

빌리지 상가에는 사파리 여행에 대한 홍보를 하고 있다.

빌리지 마당에서는 사람들이 놀고 있었다.

미술작품들도 있었다.

많은 젬베와 기타도 있었다.

손으로 먹는 모습은 처음 보았다.

국립박물관

아프리카, 당신이 있기에 우리 모두가 있다

인류 조상의 종이 출현한 것을 추정한 사진들이다

A afarensis 아파렌시스 400만 년 전

H habilis 호모 하빌리스 200만 년 전 출현

H erectus 호모 에렉투스 150만 년 전 출현

H sapiens 호모 사피엔스 20만 년 전 현재의 사람 출현(오른쪽)

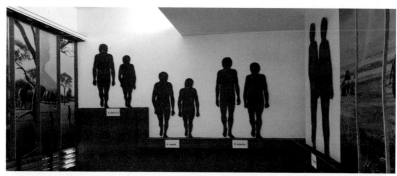

음니마니 시티 몰 Mimani City Mall

다르에스살람에서 가장 좋고 인기있는 쇼핑몰이다.

길거리에는 '버스정거장'이 유별나게 눈에 들어왔다.

다르에 사는 임마누엘 가족을 만나다

시내에서 한참을 가서 어두워졌을 때 임마누엘 집에 도착했다.

임마누엘 부부

임마누엘은 수쿠마 부족Sukuma tribe으로 45세이며 탄자니아 대통령이 있는 화이트하우스 정보국에 근무한다. 한국어, 영어, 핀란드어, 일본어, 스와힐리어, 부족어를 말하는 능력이 있다. 임마누엘의 첫 부인은 두 아들을 낳고 외국에서 공부하는 동안 집을 나갔고, 둘째 부인 아그네스Agnes는 남매를 낳아 아들 셋에 딸 한 명을 키우고 있다.

부인은 일하는 남자 두 명을 두고 소 4마리를 키우면서 우유를 짜서 파는 일을 한다.

행복한 네 아이들

엘브레트(6살), 엘지 문기(3살), 엘리오띠(10살), 엘빈(12살)

엘빈Elvyn과 엘리오띠Elliott

엘브레트Elbreacht와 엘지 문기Elsie–Mungi

초등학교Primary School 7학년인 12살 엘빈Elvyn은 비행기 조종사가 되고 싶다고 하고, 5학년인 10살 엘리오띠Elliott는 외과의사가 되고 싶다고 한다. 우리는, 외과의사는 한밤에 응급으로 수술을 해야 하기 때문에 많이 힘이 드니 공부를 잘해서 소아과Pediatric, 치과Dentist, 안과Eye docter, 이비인후과ENT docter 같은 응급이 없는 과를 하는 게 좋겠다고 말해주었다. 아이들 네 명이 똑같은 색으로 옷을 입어서 하이클래스의 가정으로 보기가 좋았다. 옷을 직접 만들었는지 궁금하였는데 물어보지 못했다. 첫째 엘빈Elvyn이 자전거를 갖고 싶어 하는데, 둘째와 같이 사주지 않으면 둘이서 싸운다고 한다.

눈망울이 큰 6살 엘브레트Elbreacht와 3살 여자아이 엘지 문기Elsie-Mungi가 있었다. 탄자니아는 마마 중심사회로 여자는 할머니 이름이 붙는다고 한다. 또한 상을 당하면 우리와 반대로 여자들이 안에 있고, 남자들이 밖에 있다고 하였다.

엘지 문기와 엄마가 자는 침대

임마누엘 침대

옷방

임마누엘 가족과 함께

라면을 나누어 먹다

우리가 가져간 라면을 끓여서 나누어 먹었다. 부엌에는 밥과 수프 같은 것이 만들어져 있는데도 아그네스는 주려고 하는 기색이 없었다. 우리가 시간이 너무 늦어서 빨리 가려고 서둘러서인가 싶기도 하였다.

아그네스는 영어를 몰라서 말하지 않았지만, 아이들은 영어를 잘해서 대화를 나누기도 하였다.

아이들은 쳐다만 보고 있어도 행복했다. 우리 부부의 영어회화 선생님이었던 임마누엘의 아프리카 탄자니아 집에 가서 가족들을 만나게 된 것은 참으로 즐겁고 행복한 일이었다.

탄자니아의 마지막 밤, 해변가 레스토랑에서 맥주 한 잔

네 것이 내 것, 내 것이 네 것, 우자마 정신

왜 그들은 필요한 것을 타인에게 말하는가

우리 부부와 임마누엘까지 여행비는 3명에 9,000USD이다. 우리를 안내하는 안내자로 같이 가니까 우리가 여행비를 내기로 마음먹었다. 그런데 여행 계획을 세우는 과정에서 임마누엘이 한국에서 새로 나온 **아이폰 XS gold**를 갖고 싶다고 한다. 아이폰값은 거금 180만 원이다. 돈을 줄 테니까 사오라는 것인지 확실하지가 않았다. 돈을 안 주면 어떻게 하나? 돈을 달라고 해야 하나? 아니면 그냥 주어야 하는 건가? 고민하다가 내 나름대로 선을 정했다. 아이폰값을 반만 내는 것으로 계산해야지 마음먹었다.

출발하기 전에는, 지금 출발하니까 도착해서 만나자고 카톡을 했더니 남아공 조벅 면세점에 있는, 자기 부인이 좋아하는 Amaruia 와인 사진을 찍어 보냈다. 한국적인 사고방식으로는 완전히 거지 근성인가 싶었지만 어쩔 수 없이 사 가지고 갔다. 가격은 3만 원 정도였다. 도자기로 된 병으로 한 세트에 3병이나 되어서 무거운 것을 끙끙거리며 가지고 갔다.

또 다르에스살람 시내 쇼핑센터에서 신고 있는 **운동화**가 다 해어졌다고 말하였을 때는 못 들은 척했다. 그런데 또 두 아들이 **자전거**를 갖고 싶어한다고 한다. 자전거를 사달라는 말인 것 같아 어떻게 뻔뻔하게 저렇게 말할 수 있을까 생각되었다. 처음 부딪히는 문화라 부담스러웠다.

임마누엘 월급은 2,000USD로 한국 돈으로 224만 원이며 탄자니아 돈으로 448만 실링이다. 탄자니아에서는 High class 생활을 하지만 교육비에 다 들어가서 돈이 없다고 하였다.

그런데 임마누엘 집에 들어갔을 때 아이들이 내가 메고 있던 가방도 들어주고, 3살 엘지 문기는 환타를 가져다 주었다. 내가 가져간 땅콩 한 알과 삶은 계란도 쪼개어주었다. 눈물이 났다. 탄자니아 사람들은 다른 사람에게 받기를 원하기도 하지만, 가지고 있는 것을 주고 싶어 하는 마음도 어릴 때부터 배우는구나 생각되었다. 우자마 정신이 밑바탕에 깔려있는 것이려니 생각하였다.

네 것이 내 것이고, 내 것이 네 것이고, 내 문제가 네 문제이고, 네 문제가 내 문제인 탄자니아에서는 없으면 달라고 하고, 있으면 주는 우자마 정신이 일상적인 것 같았다. 우자마 정신에 입각해서 생각해보면 아무렇지도 않은 일이었다. 임마누엘은 **자신에게 필요한 것을 이야기했을** 뿐이니까.

이젠 팁 문화에 익숙해졌다

고마움에 대한 표시로, 또는 연민에서 가지고 있던 것 모두를 주고 싶었다. 거리감이 있었던 팁 문화에 이젠 익숙해졌다. 식당, 커피숍에서는 팁이 거의 미리 계산되어 나온다. 세렝게티와 옹고롱고로를 안내한 가이드 핫산, 드라이버 세디엘에게는 3박 4일 동안 우리를 너무 행복하게 해주었기에 고마워서 100USD씩 주었다.

임마누엘 집에서는 네 아이들에게 100USD씩 주고, 우리를 호텔까지 데려다 준 임마누엘과 젊은 드라이버에게도 100USD씩 주었다. 그러면 운동화도, 자전거도 거의 해결되려니 생각했다. 돈이 많아서 준 것이 아니라 그냥 주고 싶었다. 그들의 눈만 보아도 주고 싶은 충동이 생겼다. 무엇인가 말없이 호소하는 아이들의 눈망울은 내가 가진 모든 것을 다 주고 싶게 했다. 가방 속에 있던 물휴지와 휴지까지, 쓰던 볼펜 하나까지도.

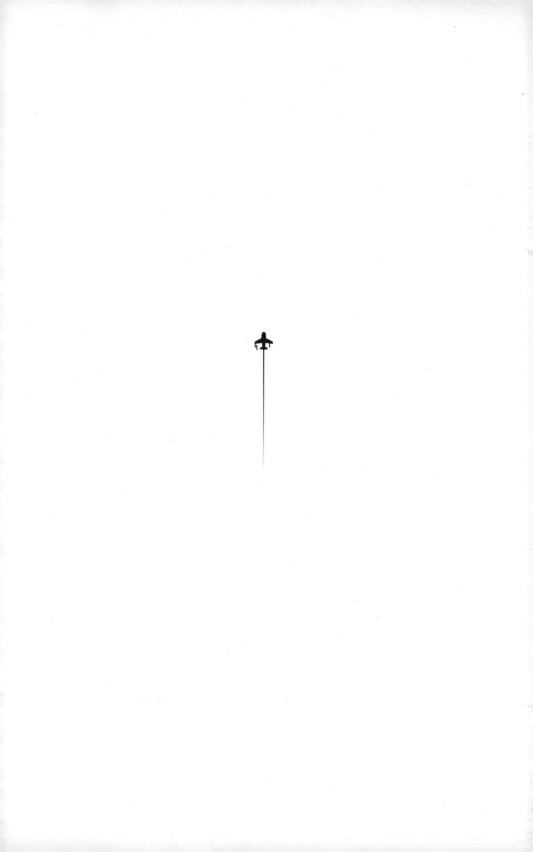

3장

세계 3대 폭포의 하나인
빅토리아 폭포 Victoria Falls

데이빗 리빙스톤

찬란한 무지개의 폭포

짐바브웨Zimbabwe와 잠비아Jambia의 국경 지역에 있으며, 1855년 영국 탐험가 데이빗 리빙스톤이 발견하여 여왕 이름을 따서 빅토리아로 했다. 원주민은 빅폴을 '천둥 치는 연기'라는 뜻으로 현지어로 모시 오아 투나Mosi oa Tunya라고 부른다.

나이아가라 폭포 2배 규모로 폭이 2,000m, 낙차가 150m라고 한다. 세계 3대 폭포를 다 보았지만, 빅폴의 반원 이상의 무지개들과 쌍무지개는 찬란했다. 날씨가 흐리거나 비가 오면 안 뜨고, 물이 맑고 햇빛이 있어야 무지개가 잘 뜬다고 한다. 빅토리아 폭포는 물이 맑아서 물보라를 맞고도 시원하면서 좋았다. 무지개는 물방울에 비친 태양광선이 물방울 안에서 반사 굴절되어 나타나는 현상인데, 태양의 반대쪽의 물방울이 무지개를 발생시킨다고 한다.

짐바브웨 유니비자Zimbabwe KAZA

짐바브웨 빅토리아 공항에 도착하면 비자 신청서와 비자 발급비 50USD를 준비하여 여권과 함께 내야 한다. 빅폴은 짐바브웨와 잠비아 쪽을 다 보기 때문에 유니비자(KAZA, 카자비자)가 필요하다. 그런데 짐바브웨에 도착만 하는 35USD를 내는 비자는 잠비아를 가려면 50USD를 또 내야 한다. 그래서 꼭 유니비자라고 외치고 50USD를 내면 된다.

짐바브웨 사람들

짐바브웨는 군부 독재로 무가베 대통령이 37년간(1980~2017) 집권을 하다가 2017년 같은 여당 음난가그와 현 대통령이 부정 선거로 대통령이 되었다고 한다. 이곳 사람들은 모든 것은 신이 다 알아서 한다는 주의이고, 호적에 올리는 부인은 3명이며, 남자는 소가 많아야 역시 결혼할 수 있다. 여성들은 성에는 질투하지 않고 돈에 질투하며, 돈이 없으면 역시 딸이 나이 들기를 바란다고 한다. 백인 여자들은 청소도, 밥도 안 하고 전부 일하는 사람을 둔다는 것이다.

음난가그와 현 대통령

한인 넘버원 여행사 사장님

한인 여행사 왕 사장님도 가이드 3명을 데리고 여행사를 하며, 일하는 사람들은 1명당 35만 원(200USD)을 준다고 하였다. 빅폴을 중심으로 주변 국가를 다 잡고 계시는 넘버원 왕 사장님과 함께 식사했다.

엘리펀트 호텔Elephant Hotel

호텔 리셉션

호텔 로비

호텔 내 상점

호텔 정원

우리 숙소 호텔 방에서 멀리 보이는 빅폴

호텔 우리 방 앞 베란다까지 온 원숭이

친절한
호텔직원들과
함께

잠비아Jambia 잠베지강 소박한 선셋 크루즈

잠비아 국기

크루즈 승선 입구에서 춤으로 환영

강물 위 유람선은 '유유히'라는 단어를 떠오르게 했다. 유유히는 '움직임이 한가하고, 여유 있고 느리게'이다. 그렇게도 살아보자.

강물을 따라 양쪽 강가의 모습들

짐바브웨 빅폴 호텔The Victoria Falls Hotel

짐바브웨 국기

호텔 입구

호텔 입구에는 유니폼 입은 키다리와 아저씨를 그린 그림

호텔 로비

호텔 계단에 있는 버팔로 머리

품위 있는 호텔 화장실

호텔 내 상가

호텔 정원에 있는 그네 그림과 그네

빅토리아 호텔은 폭포를 볼 수 있는 최고의 위치로 호텔 쪽으로 폭포의 물보라가 퍼져 온다.

밤에 폭포가 더 아름답게 보인다.

저녁 뷔페 식사 후 폭포를 보면서 공연을 즐겼다.

보츠와나Bochwana 초베 국립공원 크루즈

국립공원 들어가는데 발을 닦으라고 한다. 오염 예방인가?

크루즈 사무실

함께 탄 4명은 30대 초반의 젊은 한국인들이었다

지나가는 다른 유람선이다.

젊은 선장이 간식으로 준 비스킷은 아주 맛있었다. 그래서 마트에서
비스킷을 샀지만 그 맛은 아니었다.

초베 강가에는 방갈로들이 있다.

초베 강 위에는 움직이지 않는 뗏목배The Raft가 있다.

초베 공원 강에는 다양한 새들도 많았다.

악어 Crocodile

수명은 120년이며 수컷은 까맣고 암컷은 노랑 초록이 섞여 있다. 먹고 소화가 될 때까지 입을 벌리고 있는 것이 특이했다. 가죽이 부드러운 배와 옆구리로만 가방을 만든다고 한다. 가방 공장에서 싸게 사는 것이 100~200만 원대라고 해서 구경도 가지 않았다.

이름을 다 알지 못한 다양한 동물들

고래의 수명

종류별로 50~110세까지이며, 임신 기간은 365일로 사람의 40주 280일보다 훨씬 길다.

초베 사파리 로지에서 점심을 먹었다

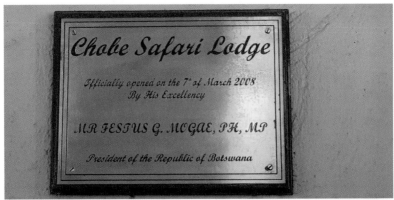

역시 아프리카 공동체, 통합, 일치
의 의미를 가진 작품이다.

화장실의 장식품

짐바브웨 쪽의 빅토리아 폭포

폭포 들어가는 입구

짐바브웨 데이빗 리빙스톤

지팡이를 들고 있는 짐바브웨 리빙스
톤 동상의 옆모습

지팡이를 들고 있는 짐바브웨 리빙스톤 동상의 앞모습

무지개가 찬란한 빅토리아 폭포는 아름다웠다.

모시 오아 투나Mosi oa tunya는 원주민 현지어로 '천둥 치는 연기'라는 뜻으로 빅폴을 말한다.

가게가 '열린 행복Open Happiness'이라고!

빅토리아 폭포 다리The Victoria Falls Bridge

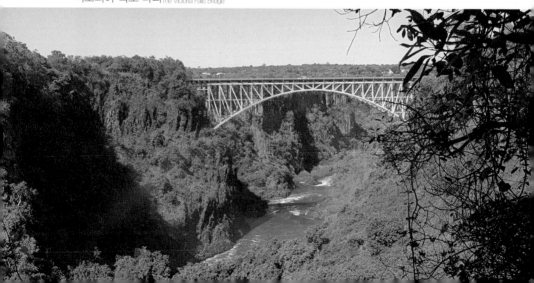

잠비아 쪽의 빅토리아 폭포

잠비아 빅토리아 폭포 들어가는 입구

잠비아 빅토리아 폭포는 물보라로 우의를 입어야 한다.

잠비아 데이빗 리빙스톤

가방 메고, 책 들고 있는 잠비아 리빙스톤 동상의 옆모습

무지개가 이렇게 큰 것은 처음 본다.

쌍무지개는 자연의 신비를 느끼게 하면서 마음이 숙연해졌다.

말라리아 의무실

잠비아 쪽 폭포를 보고 나오니까 응급 말라리아 환자를 위한 의무실
에 간호사가 있었다. 간호사의 유니폼은 일제 강점기 때의 옛날 사진을
보는 것 같았다.

말라리아 의무실

빅폴 공항

빅폴 공항 입구에서 원주민들은 환송식을 해주었다.

빅폴 공항 면세점

책 읽는 백인 할머니들의 여유

평화롭게 책 읽는 백인 할머니들

여행할 때마다 백인 할머니들의 책 읽는 모습을 볼 수 있다. 태평양 크루즈에서, 런던 전철 안에서, 시드니 전철 안에서, 빅폴 공항에서…. 왜 백인 할머니들은 책을 읽을까? 그래서 선진국이면서도 백인 우월주의가 있는 것인가? 아주 품위가 있고 멋있었다.

호주 시드니에서 90세 된 할머니가 외국인에게 영어를 가르치는 봉사를 할 때 1주일에 1번 1년을 배웠다. 단어 철자 하나도 정확하게 쩌렁쩌렁하게 말씀하셨다. 또 75세 된 봉사자 할머니가 '이탈리아 여행을 가기 위해서 이탈리어를 배운다'는 말에 귀가 번쩍 뜨였다. 전혀 생각해보지 않은 도전을 하게 해주었다. 그 뒤로는 가고자 하는 여행지의 언어에 대해 가능한 한 공부를 한다. 스페인어, 러시아어, 아프리카 스와힐리어 등. 아직 공부해야 할 것이 많이 있어서 힘을 내야 한다. 이탈리아어, 아랍어, 희랍어, 프랑스어, 라틴어 등 맛을 보아야지.

우리나라 할머니들은 이 시간에 무얼 하실까?

우리나라의 초보 할머니들은 대부분이 '이미 나이가 많으니 무엇을 할 것이냐? 그냥 지금 그대로 살자.' 하는 생각에서 벗어나지 못하고 있다. 해보지 않은 것에 대한 새로운 도전을 시도하고 싶어 하지 않는다.

빅폴 작품들은 무엇을 의미하는지?

뒤 발길질을 하는 버펄로Buffalo 힘이 넘친다.

새로운 도전을 하고자 하는 꿈과 의식들을 가지기를 희망해 본다.

아이들만 책 읽으라고 야단하지 말고 어른들이 책 읽는 모습을 보여주는 것도 중요하다. 이젠 시대가 바뀌어 누구나 평생학습을 하는 대한민국이 되어 인격적으로 선진국 대열에 설 수 있도록 해야 한다.

"당신의 미래를 창조할 시간은 바로 지금이다"라는 홍보 문구처럼 여행은 '그 순간을 사는 삶'이기에 여행을 자주 하는 이유이다.

책 보는 멋있는 초보 할머니가 되고 싶지만, 여행 중 너무 힘들 때는 자야 한다. 그러나 여행이 끝난 지금 공부하면서 아프리카 책을 만들고 있다. 책 작업이 끝나면 모르는 것을 알기 위해 꾸준히 스스로 학습해야지.

아~ 여행의 절반이 지났다. 이제 피곤하기 시작한다.

조벽 탐보 국제공항에 도착하다.

Tip 예상 경비

항공비 제외한 빅토리아 폭포 예상 경비		
숙소	숙박비 & 투어비	내용
빅폴 (호텔) 한인여행사	숙박비 & 투어비 350 USD/1인당/1일	전 일정 식사 & 가이드비 공항 패치 일체 (입국 비자료 불포함)
	KAZA 비자 50USD	

4장

'우분투Ubuntu'
정신의 남아공

아파르트헤이트 박물관 노예 시장에서 사용된 쇠사슬

아파르트헤이트, 희망봉의 나라

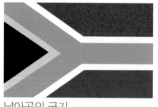

남아공의 국기

남아공의 표어는 '다양성 속의 통일'이다. 남아공이 세계 사람들에게 잘 알려진 것은 아프리카에서 경제력이 가장 큰 나라이고, 희망봉이 있는 국가이기도 하지만, 아파르트헤이트 정책으로 세계 사람들에게 비난을 받았던 나라이며, 넬슨 만델라의 나라이기 때문이라고 한다. 남아공은 금과 크롬의 매장량이 세계 제2위일 뿐 아니라 풍부한 지하자원을 보유한 나라이다. 남아공은 6·25 때 UN군의 일원으로 참전하였으며 정식 국교는 1995년도에 맺어졌고, 북한과도 1998년도에 수교를 한 나라이다. 그리고 남아공은 1980년대 말까지 핵무기를 개발하여 6개를 보유하였던 나라로, 1989년 핵 확산금지조약에 가입하면서 1991년까지 핵무기를 폐기하였던 나라이기도 하다.

남아공은 1488년 희망봉의 발견으로 유럽에 알려지기는 했으나 유럽의 관심을 받지 못하다가 17세기에 네덜란드가 동인도 제도와의 무역에 있어 중간 보급항 차원에서 케이프타운 식민지를 개척했다. 그래서 네덜란드의 식민지가 오렌지강까지 확장되어 있었으나 영국이 영국군을 앞세워 정착하기 시작했다. 영국이 원주민이 세운 줄루 왕국과 네덜란드(보어인)인이 세운 공화국들을 함락시키면서, 남아공은 1814년에 영국의 식민지가 되었다. 1910년 영국 국왕을 국가원수로 하는 영연방이 되면서 1961년까지 영연방으로 있었다. 영연방 결정 시 4개의 구

성국 중 나탈 식민지의 피터마리스버그를 제외한 3개국의 수도가 지금의 수도가 되었다. 다트란스발 수도 프레토리아_Pretoria_가 행정, 오렌지 자유국 수도 볼룸폰테인_Bloemfontain_이 사법, 케이프 식민지 수도 케이프타운_Capetown_이 입법을 맡고 있다. 한국으로 보면 청와대, 대법원과 국회의사당이 서로 다른 도시에 있는 것이다.

남아공 영토에는 레소토, 에스와티니라는 두 나라가 들어있다. 남아공이 영국에서 독립할 때 합병을 반대하여 각각의 나라로 그대로 존재한다.

남아공은 백인들이 통치하면서 아파르트헤이트_Apartheid_ (인종 격리) 정책을 실시한 나라였으나 1993년 아파르트헤이트가 폐지되었다. 그러나

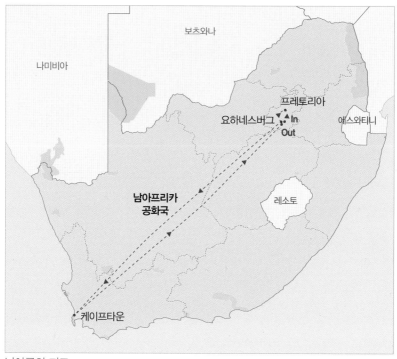

남아공의 지도

남아공은 흑백 간의 빈부격차와 흑인 간의 빈부격차가 심하기로도 유명한데, 백인이 지배하던 경제력을 흑인들이 지배하면서 흑인들의 무능과 부패, 직업교육을 받지 못한 노동자들이 남아공의 경제력을 이끌어 올리지 못해 국민의 절반 이상이 빈곤층에서 벗어나지 못하고 있는 실정이다.

Tip

종교 - 백인은 개신교, 흑인은 토속 신앙이다.

전기 - 3구 원형 소켓을 사용한다.

화폐ZAR Land

1USD는 13Land로 1,120원 정도이며, 1란드는 약 80원이다. 대한민국 화폐 국가 단위가 KRW, ZAR 는 남아공 화폐 국가 단위이다. 남아공은 USD가 통용이 안 되기 때문에 꼭 Land를 준비해야 한다. 남아공 화폐에는 유일하게 만델라의 사진만 들어있으며, 뒷면에는 사자, 코끼리, 코뿔소가 그려져 있다.

또한, 남아공은 자기 나랏돈인데도 위조지폐인지 확인한다. 세계의 많은 사람을 상대하다 보니 위조도 있으리라 생각되지만, 동양인이라 의심스럽게 생각하는 거 같기도 하였다. 중국 사람으로 오해해서인지 무시하는 경향도 있다.

남아공 사람들

다양한 민족, 일부다처제

흑인이 79%로 부시먼족Bushman, 은데벨레족Ndebele, 코사족Xhosas, 줄루족Zulu, 소토족Sotho, 츠와나족Tswana, 총가족Tsonga, 스와지족Swazi, 벤다족Venda 등이 있다.

또한, 아내를 다섯 명까지 둘 수 있는 일부다처제다. 원래는 전쟁 때문에 남편을 잃고 남겨진 여자들을 마을 공동체가 책임지기 위해 만든 풍습이지만, 오늘날까지 유지되고 있다. 아내를 맞이하려는 남자는 로볼라(신부값)라는 풍습에 따라 신부 가족에게 신붓값을 치러야 한다. 보통 소 5~10마리 정도이지만 신부 집안의 사회적 지위에 따라 두 배로 올라가기도 한다. 최근에 이러한 풍습은 없애야 한다고 주장하는 사람들이 많아지고 있다.

남아공은 유럽인과 아프리카너 백인들을 비롯한 다양한 민족들이 살고 있다. 아프리카너는 아프리칸스어를 쓰는 네덜란드계 백인을 말하는데 이들은 시골에서 농장을 운영하며 자신들의 언어와 문화를 지키면서 살고 있다. 이들과 달리 영국 등 유럽의 다른 나라에서 온 백인들은 영어를 사용하며 도시에서 다양한 직업에 종사하고 있다.

원주민과 백인 사이에서 태어난 혼혈 인종 컬러드는 아프리칸스어와 영어를 쓰고 백인과 같은 종교와 문화를 가졌지만, 아파르트헤이트 시절에는 유색 인종으로 분리되어 차별을 받았다. 그래서 이들은 흑인이나 아시아인에도 속하지 못한 채 주변인으로 살아야 했다. 현재 남아공의 9%를 차지하며 주로 서케이프 지방에 살고 있다. 이들 영국, 네덜란드와 아프리카 원주민들에서 나온 혼혈인들은 백인들 밑에서 주로 일을 한다. 인도인, 중국인도 유색 인종으로 차별을 받았다. 이때 인도 마하트마 간디가 차별을 받고, 남아공에서 20년간 저항운동을 이끌었다고 한다.

흑인들도 정부 관리로 부정을 해서 돈이 많으면 백인들처럼 살 수 있으며, 만델라 이후의 대통령은 남아공 전체 택시 회사 사장을 한다고도 했다. 조벅의 번화가 샌튼시티에서는 세련되고 멋있는 부자 흑인들이 아주 많이 보였다.

제국주의Imperialism는 참으로 대단하다. 호주를 식민지로 한 영국이 굉장하였고, 남미를 식민지로 한 스페인도 굉장하다고 느꼈지만, 아프리카에서는 영국과 네덜란드인들이 또한 굉장하다는 것을 느끼게 했다.

남아공의 AIDS 문제

에이즈 1위의 나라로 2016년 기준으로 성인들의 19%가 AIDS 감염자이며, 대부분이 젊은이들이다. 그중에서도 여성의 비율이 높은 것은 성이 생활의 수단으로 사용되기 때문이며, 이 여성들이 젊은 남성들을 감염시킨다고 한다. 그러나 부패한 지도자들의 무능과 경제적인 여건 때문에 제대로 대처를 하지 못하고 있어 아프리카 청소년의 사망 원인 중 가장 높은 것이 에이즈로 인한 사망이라고 한다.

남아공의 치안

이 나라는 전 세계적으로 치안이 안 좋기로 이름난 나라 중 하나로 넬슨 만델라가 취임한 1994년도에는 한 달 동안 살인으로 인한 사망이

1,400명이었고, 하루에 47명이 죽었다고 한다. 살인 외에도 침입 강도는 월 6,000건, 노상강도는 월 12,000여 건, 강간은 월 2,500건, 차량 도난은 월 8,000건이 일어나며, 경찰 살해도 월평균 15건이나 된다.

2001년에는 1년 동안 살인 21,553건, 강도 228,442건, 강간 52,425건이 일어났다고 하였다. 월드컵 등을 치르면서 지금은 이런 범죄가 줄기는 했지만, 근본적으로 해결되고 있지 않다고 하여 아프리카 중에서도 남아공은 전 지역이 여행 주의국가다. 그러나 호랑이 굴에 들어가도 정신만 차리면 산다는 말처럼 손가방만 신경을 썼는데 문제는 없었다.

요하네스버그Johanesburg (조벅Joburg)

아프리카에서 제일 큰 도시이며, 남아공 제1의 도시로 상업 중심지이다. 인구 조밀 지역인 요하네스버그는 1886년 금광이 발견되면서 만들어진 도시이다. 조벅은 금광촌이라 흙도 노랗다.

요하네스버그 공항

아프리카에서 제일 큰 도시여선지 가방을 랩핑해 주는 곳이 공항에 많이 있었다. 우리나라 인천 공항에도 있으면 좋겠다.

래핑하는 곳

티켓팅

요하네스버그 면세점

특이한 인형들

아프리카 내 국제선 사우스아프리카 비행기에서
준 식사

임마뉴엘이 사오라는 와인
Amaruia

아프리칸스Africans

아프리칸스는 네덜란드계 백인들을 칭하는 말이다. 남아공은 백인
우월주의 본고장이다. 네덜란드, 영국 사람들은 신사 같지만 음흉하다.
남아공 백인 여자들이 교육과 신앙을 책임지고 있어서 거칠고 교만하
고 인성이 좋지 않다고 한다. 남아공의 백인과 흑인의 비율은 2:8 정도
로 점차 백인들이 줄어드는 추세라고 한다.

학교를 갔다

던스탄스 대학교Dunstan's College

담벼락에 붙어있는 학교 이름은 '벤오니 한스무어'

'벤오니 한스무어' 백인 네덜란드계 사립 고등학교 정문

그래도 멋있는 네덜란드풍 색깔의 교복이다.

유니온 빌딩Union Buildings (대통령궁)

프레토리아에 있는 대통령궁으로 기념물과 조각으로 유명한 행정부 건물이다. 대통령이 6개월은 이곳 Pretoria 행정 수도에서 근무하고, 6개월은 입법 수도 Capetown에서 근무한다.

대통령궁을 뒤로하고 프레토리아 시내를 가슴으로 안고 있는 만델라의 거
대한 동상

만델라 동상의 양다리에 붙어있는 시민들의 소리

전망 좋은 유니온 빌딩에는 다양한 사람들이 많이 온다

대통령궁은 시내가 다 보이는 좋은 전망으로 결혼식을 하고 나서 사진 찍으러 신랑 신부들이 온다.

정장을 입고 결혼식에 들러리를 선 젊은 남녀 청년들도.

산책하러 가족들끼리도 온다.

'우분투Ubuntu' 정신을 창출한 넬슨 만델라Nelson Mandela

우분투Ubuntu는 아프리카 반투Bantu족(아프리카 흑인 종족 중의 하나)의 말로 '당신이 있기에 우리 모두가 있고, 우리가 함께 있기에 내가 있다'는 공유(공동체) 정신이다. 넬슨 만델라 대통령이 강조하여 널리 알려지기 시작한 우분투는 '나'가 주체가 되는 것이 아니라 '우리'가 주체가 된다. 인간은 절대로 혼자 살아갈 수 없는 존재로서, '함께 살아가는 우리 모두는 하나의 공동체'라는 것이 핵심이다.

그러므로 우분투의 기본적인 가치는 서로 간의 존중에 있다. 존중은 서로 간의 신뢰를 만들고, 그 신뢰는 강한 믿음으로 되돌아온다. 이것이 우분투의 정신이고, 아프리카의 정신이다. 그래서 아프리카의 우분투 정신은 사람이 어떻게 살아야 하는지 가르쳐주었다. 그들이 가지고 있는 생각이 그 어떤 다른 문명사회 정신보다 우수하였다. '당신이 있기에 우리 모두가 있고, 우리가 함께 있기에 내가 있다'는 정신! 경제 대국 대한민국이 지금 절실하게 요구되는 정신이라 생각한다.

자서전 〈자유를 향한 머나먼 길〉에서 만델라는 말했다

'남는 것은 내일이다' 그래서 용서를 해야 되나 보다.

"내가 감옥 문을 뒤로 하고 자유를 향해 걸어갈 때, 내가 가지고 있는 내 안의 모든 억울함, 분노와 미움에서 떠나지 않는다면 나는 여전히 감옥에 있게 되는 것을 알았다. 갈등과 해함이 있을 때 자유로워지는 길은 용서다. 용서 없이는 미래도 없다."

아파르트헤이트 박물관Apartheid Museum

아파르트헤이트(분리와 격리의 아
프리칸스어)는 백인 우월주의에 근
거하여 1950년 반투(순수 아프리카
흑인), 유색인(혼혈 인종), 백인으로
구분하는 주민등록법을 시행하여
전 국민의 16%에 불과한 백인의
특권을 보장한 정책이었다. 아파
르트헤이트는 백인들이 사는 거
주지에서 멀리 떨어진 곳에 아프
리카인들을 집단 거주지에 묶어
두는 정책이다.

호주는 지금도 시드니 가까운
곳에 원주민들만 사는 마을이 있
는데, 나라에서 생활비를 다 대어
주기 때문에 사람들은 일도 하지
않고 그 마을에서 놀면서 술만 마
시고 있다.

1989~1994년까지 재임한 클레
르크 백인 대통령이 1991년 아파
르트헤이트(인종격리정책)를 폐지
하였다.

소지품 검사하는 박물관 입구

상징적으로 흑백이 다른 입장권과 출입문

백인_{Whites}(아프리칸스어로 Blankes)
와 유색인_{Non Whites} (아프리칸스어로
Nie Blankes)로 구분되어 있다.

Railway Medical Officer: Whites Only / Net Blankes

의료 담당자 철로는 '오직 백인'만 들어갈 수 있다고 영어 Whites
Only와 아프리칸스어 Net Blankes가 적혀있다.

아파르트헤이트 정책 당시 백인만 들어가게 했던 안내판들이 걸려 있다.

걷고 있는 사람들을 움직이지 못하게 감금한 것을 상징한다.

아프리카 줄루족은 일찍이 모여서 공동체 생활을 하고 있었다. 그곳에서 백인들이 70여 명의 흑인 지도자들을 집단 살해한 현장이기도 하다.

흑인들 공동체 생활을 하던 곳에서 흑인 지도자들을 살해했다.

남아공의 7가지 진실

박물관에는 근대사에서 치른 대규모 희생과 처절한 저항, 극적 화해를 통해 남아프리카가 깨닫게 된 '7가지 진실'이 기둥에 새겨있다.

평등Equality, 책임Responsibility, 민주주의Democracy, 다양성Diversity, 존중Respect, 화해Reconciliation, 자유Freedom 이다.

이 '7가지 진실'의 가치는 1994년 만델라 정부에 의해 제정된 최초 민주 헌법의 기본 정신이 되었다.

넬슨 만델라Nelson Mandela 생가

만델라

1962년 인종차별에 맞서 투쟁하다가 반역죄로 체포되어 1964년 무기징역을 선고받고, 1990년 27년 만에 출소하였다. 만델라는 1994년 5월에서 1999년 6월까지 처음으로 흑인 대통령이 되었다.

"세계를 변화시킬 수 있는 가장 강력한 무기는 교육이다.Education is the most powerful weapon which you can use to change the world"라고 만델라는 강조하였다.

만델라(1918.07.18.~2013.12.05. 키 195cm)

만델라 생가 길거리부터 흑인들이 춤을 추고 있다.

만델라 생가 입구에도 노래하는 그룹이 환영을 한다.

만델라 생가

만델라의 방

만델라 부인들

남아공은 일부다처제로 대부분이 5명의 부인을 둔다고 한다. 만델라는 세 번의 결혼을 했다. 첫 부인은 13년 살다가 이혼했고, 두 번째 부인은 38년 살다가 감옥에 있는 사이에 이혼한 후 친구로 지내며, 세 번째 부인은 짐바브웨 영부인이었다.

1. 첫째 부인 에블린 마세

1944년, 만델라 26세에 중매로 결혼한 첫 부인, 22세 에블린 마세는 정치적 멘토였던 월터 시술루의 사촌이었다. 13년간의 결혼생활에서 만델라는 법학 공부를 했고, 에블린은 간호사로 가족을 부양했다. 네 명의 자녀 중 9개월 된 둘째 아이의 사망으로 상처를 받아 여호와의 증인 신도가 되었으며, 만델라가 반역죄로 체포되어 보석으로 돌아왔을 때는 에블린은 집에 없었다. 종신형을 받은 지 5년 만에 장남이 교통사고로 죽었을 때, 식료품점을 하고 있던 에블린에게 감옥에서 애도의 메시지를 보낸 것이 유일한 대화라고 한다. 에블린은 만델라에게 바람을 피우고 아내와 자식을 버린 자라고도 했다. 에블린은 이혼(1957년)한 지 40년이 지난 1988년 여호와의 증인과 재혼하였다가 2004년에 사망하였다.

2. 둘째 부인 위니 마디키젤라

당시 22세로 만델라보다 16살 어리면서 정치 선동가를 꿈꾸며 사회복지사로 활동하고 있던 위니와 1958년 38살에 결혼했다. 두 딸을 낳았으나 가족으로서 함께 보내는 시간은 거의 없었다. 만델라가 종신형을 받자 위니는 투쟁을 이어갔다. 그녀도 징역을 선고받고 추방당하기도 했다. 1990년 만델라가 석방되면서 정치적 견해 차이와 위니의 불륜 의혹으로 1996년 둘은 갈라서게 되었다. 하지만 만델라 석방 20주년(2010년) 기념일에서 만델라는 '만인의 사람'이라고 연설했다.

3. 셋째 부인 그라사 마셀

대통령 임기가 끝날 무렵인 1998년 만델라의 80번째 생일에 27세 어렸던 그라사와 결혼했다. 그녀는 1986년 비행기 사고로 숨진 모잠비크 독립지도자이자 대통령이었던 사모라 마셀의 미망인이었다. 15년간 결혼생활을 하고 2013년 95세로 만델라는 사망했다.

프레토리아 대학교

프레토리아 대학교는 문이 닫혀 있어서 교내는 보지 못했다.

레세디 민속촌RESEDI IMCOMA

남아공의 흑인들을 반투라고 하며 10개가 넘는 부족이 있다. 공식 남아공 언어는 11개이다. 9월 24일은 유산의 날Heritage Day이라고 해서 문화, 종교, 믿음을 기념하는 날이다.

민속촌에서 부족들의 전통춤과 사는 모습을 보고 전통 식사를 체험하였다.

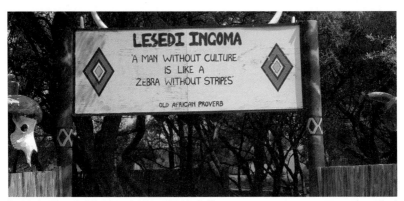

'문화가 없는 사람은 줄무늬 없는 얼룩말이다'A Man without Culture is like A Zebra without Stripes라고 옛 아프리카 속담이 민속촌 간판에 적혀 있다.

레세디 민속촌의 입구에서 우리를 환영한다.

레세디 민속촌의 위치가 표시되어 있는 남아공 지도

공연장 입구에서는 마림바_{Marimba}를 치면서 환영한다.

무대 주변에 장식된 모습들이다.

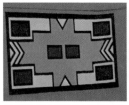  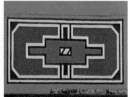

부족들의 국기가 다양하다.

부족들의 공연은 힘이 넘쳤다

민속촌 내 4개의 부족 마을을 가이드 줄루족 타보가 안내했다.

줄루_{Zulu}족

줄루란 낙원의 백성이란 뜻이며, 종이부채 같은 치마와 머리에는 화려한 비즈_{beads} 구슬 장식을 한다.

인사하는 법을 가르쳐 주는데 호기심이 발동해서…

줄루족 마을 입구에는 부정을 없애기 위해 돌을 던졌다.

근육질에 날렵하게 생기고 말도 잘하는 가이드 타보, 27세

움막 같은 집 안을 살~짝 들여다보았다.

줄루족의 용감성을 보여주는 코끼리 상아 장식

상아는 코끼리의 위턱에 있는 송곳니가 엄니(입 밖으로 돌출한 이빨) 모양으로 길게 자라는 것이다. 코끼리 종류와 암수에 따라 다르지만, 길이가 3.5m 무게가 100kg 되는 것까지도 있다.

코끼리는 60세가 되면 코의 상아가 빠진다. 하루 80kg을 먹는데, 먹지 못하면 90%가 일주일 만에 아사로 죽는다고 한다.

줄루족 마을을 상징하는 안내 그림

은데벨레Ndebele 족

남아공의 피카소로 알록달록한 원색 무늬의 옷을 입으며, 시집간 사람(바닥 치마)과 시집 안 간 사람(입고 있는 치마)과는 차이가 있다.

소토Sotho 족

전통 짚 모자인 모코로토mokorotlo를 쓰고, 전통 무늬가 수 놓인 시아니 마레나 Seano Marena를 두르고, 장화를 신고, 조랑 말을 타는 특징이 있다.

움막집이 특이하다.

코사Xhosa족

성난 사람들이란 뜻으로, 머리와 복장 전부 하늘하늘한 느낌을 주며. 넬슨 만델라와 음베키 대통령이 이 부족 출신이다. 자연 약초로 병자를 치료하였다.

마지막 설명으로 마무리했다.

소 살 돈이 없어 장가를 못 갔다는 가이드 타보와 함께

민속촌 내 뷔페 레스토랑

커피 마시며 쉬는 곳

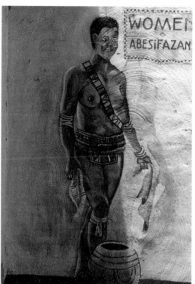

아프리카다운 화장실 표시

민속촌 출구에는 가격이 가게마다 다르다.

조벅에서 프레토리아 가는 길에는 많은 흑인의 집들이 보였다

철 담벼락이 있는 집은 잘사는 흑인들 집 같기도 하다.

민박집 사장님이 잘 가신다는 '격자무늬The Trellis'라는 화려한 골동품 가게를 갔다

가게 입구 기둥이 격자 모양이다.

절대 망가지지 않을 의자

부티나는 수저 세트

세련된 손톱 손질 세트

부티나서 사고 싶은 접시

부티나는 쓰레받기와 빗자루

몬테 카지노 몰Monte Casino Mall

    카지노 건물은 카지노가 있어서 들어갈 때는 주차장에 주차하는데, 센터 입구에서 소지품을 철저하게 조사하고 들어가기 때문에 사람도 안전하고 차도 안전하다. 백인들은 개인용 자동차로 생활하며, 안전한

카지노 몰 내부는 다양하였다.

경비가 있는 곳에 주차하기 위해 이곳을 많이 이용한다. 흑인들은 퇴근 시간 길거리에서 소형 버스를 줄을 서서 기다린다. 3시 30분이 퇴근이라 이때부터 2시간은 교통이 막힌다. 카지노 몰은 천장이 다 덮여있는 실내였고, 큰 카지노뿐 아니라 레스토랑과 커피숍, 쇼핑센터가 많았다.

레스토랑 서빙하는 이들의 정돈된 모습이 특이했다.

축구를 좋아하는 사람들이라 유니폼이 빨래처럼 걸려 있었다.

KFC는 러시아에도 있더니 남아공에도 있었다.

책방 books를 거꾸로 skoobs는 중고책방을 의미하는데, 이것 또한 영국 영향을 받았다.

Toilets이라는 표시가 멀리서도 찾기 쉽게 붙어있었다.

카지노

도박장에서 사진을 찍자마자 제지를 당했다. 두세 장은 건졌다.

우드힐Woodhill 골프장 타운 내 하얀 집

하얀 집은 멀리서도 보이고

골프장에서는 더 잘 보이고

우드힐 타운 들어가기 전 마트에서 맥주를 샀다.

우드힐 타운의 골프장 입구

우드힐 타운 내 한인 민박집 '우드힐Woodhill'

프레토리아에서 예전에 사모님이 여행 가이드를 조금 했다가 최근에 민박을 시작하려고 신청해둔 상태에서 사모님의 첫 손님으로 우리가 2박 3일을 묵었다.

프레토리아는 한국 교회가 3개 있는데, 한국 교민들이 예전에는 가발과 사진관으로 돈을 많이 벌었지만, 지금은 사양길이라고 한다. 그렇지만 남아공에 사는 사람들은 퇴근하고 짐Gym에 가서 운동 후에 사우나를 하고, 맥주 한잔 마신다고 하였다. 사람 사는 것은 어디나 비슷하였다.

2층 응접실

1층 응접실

우리가 묵은 방 앞의 거실

노래방도 있다.

첫날 저녁부터 맛있게 먹었다.

골프장 타운에서 골프 치러 갈 때 타고 다니는 미니 자동차

에스와티니Eswatini 국왕
음스와티Mswati 부인은 현재 15명

에스와티니 국기

우드힐 여사장님은 남아공 속에 있는 스와질랜드라는 나라가 아프리카의 스위스같이 평화롭다고 다음 기회에는 꼭 가보라고 한다. 집에서 잘 보이는 계단에 스와질랜드 인형을 두었고, 한 달에 한 번 스와질랜드에 가서 며칠씩 있다가 온다고 한다.

스와질랜드는 2018년 4월 국명을 에스와티니로 변경하였다. 절대군주인 음스와티Mswati 국왕은 매년 새로운 신부와 결혼을 한다. 부인이 얼마나 많을까? 몇십 명이 되겠다는 생각이 들었다. 국왕이 50세인데 지금까지의 부인은 15명이라고 하였다. 이전 국왕은 125명의 부인을 가졌다고도 했다. 다음 아프리카 리바이블 여행 시에는 괴상한 나라 에스와티니를 꼭 가봐야지. 많은 미혼 여성들은 국왕의 부인이 되고 싶어 한다는데, 국민들은 어떻게 사는지….

'스와질랜드' 인형

Mother's city 케이프타운Cape Town

　케이프는 남아공에서 도시가 처음 시작된 곳이어서 Mother's city라고 하며, 남아프리카 공화국의 입법 수도이다. 테이블 마운틴과 희망봉이 있으며, 수에즈 운하가 개통되기 전에는 유럽에서 아시아로 가는 항로의 주요 거점이었다. 요하네스버그에 이어 두 번째로 큰 대도시권을 형성하고 있다. 도시 자체로는 프리토리아, 더반에 밀려 네 번째로 인구

가 많다.

케이프타운 안에 있는 300m를 넘는 봉우리는 70개이다. 케이프타운의 많은 교외 주택 지구와 본토를 연결하는 케이프 평원이 있다. 케이프 평원은 해저가 융기하여 생긴 육지이며, 모래가 많은 지질이다. 테이블 마운틴도 한때 섬이었다고 한다.

인종 격리 폐지 운동의 중심인물이며, 1994년에 흑인 최초의 남아프리카 공화국 대통령이 된 넬슨 만델라는 이 지역의 로벤 섬에 유폐되어 있었다.

케이프타운의 7개의 랜드마크는 테이블 마운틴, 워터프론트, 케이프 포인트, 로벤섬, 키스텐보쉬 식물원, 그루트 콘스타시아(와이너리), 그린마켓 스퀘어Walking 등이다.

케이프타운 기후

케이프반도는 지중해성 기후이며 뚜렷한 계절이 있다. 5월부터 9월까지 계속되는 겨울은 대서양에서 한랭전선이 강한 비를 동반하여 북서풍이 몰아친다. 겨울은 춥고, 평균 최저 기온은 섭씨 7℃이며 연간 강수량의 대부분은 겨울에 집중되어 있다.

10월부터 3월까지 계속되는 여름은 덥고 건조하다. 반도는 동남에서 강풍이 자주 불어온다. 이것은 오염을 밀어내고 공기를 깨끗하게 하기 때문에 '케이프 닥터'라고도 부른다. 이 동남풍은 남대서양에서 케이프타운의 서쪽에 물러나 있는 남대서양 고기압에 의한 것이다. 여름 기온은 온화하고, 평균 최고 기온은 26℃이다.

케이프타운 인구

인구의 48.13%를 유색 인종이 차지하고 있으며, 이어 흑인이 31%, 백인이 18.75%, 아시아계가 1.43%이다.

거주자의 76.6%가 기독교인이며 10.7%가 무교, 9.7%가 무슬림, 0.5%가 유대교, 0.2%가 힌두교, 2.3%가 다른 종교다.

우버Uber 택시

남아공에서 우버 택시는 참으로 편리했다. 안전하고 빠르게 갈 수 있어서 좋았다. 처음에는 남편이 있기에 앱을 깔지 않고 위험을 무릅쓰고 택시를 탔다. 워터프론트에서 대성당까지, 대성당에서 워터프론트까지 90란드를 달라고 한다. 팁까지 해서 100란드를 주었다. 그러나 택시가 없는 지역에서는 불편하여 결국 앱을 깔고 게스트하우스에서 워터프론트까지 가려고 우버uber 택시를 불렀다. 휴대폰에 차 종류, 차 번호, 드라이버 이름, 얼굴 사진까지 뜨고, 3분 내로 도착한다고 하였다. 자동차가 오는 길이 휴대폰에서 보였다. 앱으로 우버 택시를 부르니 카드 결제가 저절로 되어 현금도 필요 없었다.

그런데 그린 마켓 스퀘어에서 맥주를 마신 후 우버를 불렀더니 길이 사거리여서 차가 어디로 오는지 몰라 동동 뛰었다. 자동차가 도착하기도 전에 금액이 휴대폰에 뜬다. 그런데 나중에 보니 복잡한 거리에서 차를 찾느라 지체한 시간이 적용되어 금액이 취소되고, 다시 금액이 떴다. 다음에 우버 택시를 탈 경우에는 찾기 쉬운 정확한 위치에서 불러야겠다고 생각했다.

테이블 마운틴Table Mountain

200km 밖에서 알아볼 수 있는 테이블 마운틴은 예로부터 아프리카 남단을 항해하는 선원들에게 길잡이 역할을 했다. 1488년 포르투갈 항해가인 바르톨로뮤 디아스가 유럽인으로서는 처음으로 이곳을 발견했다. 오늘날 이 산은 남아공에서 가장 유명한 지형이 되었다. 테이블처럼 평평하다고 해서 테이블 마운틴인데, 해발 1,087m로 걸어서 오르는 데는 대략 세 시간 정도 걸린다. 300m 높이에서 정상까지 5분 정도 올라가는 케이블카를 탈 수 있다. 케이블카는 전면 통유리로 되어있고, 360도로 회전하면서 오르고 내려가기 때문에 좋은 자리를 차지하지 않아도 전체를 다 볼 수 있다. 테이블 마운틴은 산 정상이 3km가 넘는 평지로 이루어져 있는 것이 특징으로 케이프타운을 360도로 조망할 수 있다. 케이프타운에서 가장 아름답다는 에메랄드 빛 바다를 가진 캠스베이 해변, 워터프론트, 월드컵 경기장, 만델라 대통령이 수감 생활을 한 로벤섬까지 보인다. 시그널 힐로 출발하는 라이언 헤드 봉우리도 보인다.

케이블카 타는 곳에는 스위스의 뉴 세븐 원더스 재단이 2011년 세계 28개 후보지 가운데 '7대 자연경관'으로 선정되었다는 자료사진이 붙어 있었다. 7개 지역은 남아프리카공화국 테이블 마운틴을 비롯해 브라질 아마존, 베트남 하롱베이, 아르헨티나 이과수 폭포, 인도네시아 코모도 국립공원, 지하로 흐르는 필리핀 푸에르토 프린세사강, 제주 성산 일출봉이다. 우리나라가 포함되어 있어서 아주 기분이 좋았다.

남아공의 공식 언어

테이블 마운틴 입구에는 '환영한다'라고 남아공의 공식 언어 3가지가 적혀있다. 영어 Welcome, 아프리칸스어 Welkom, 코사어 Wamkelekile.

인터넷 예매를 하지 않은 사람들은 표를 사려고 한다.

테이블 마운틴을 사자가 누워있는 것으로 보고, 사자의 머리Lion's Head 와 연결되어있는 사자의 엉덩이Lion's Rump 부분을 시그널 힐이라고 한다.

멀리 보이는 시그널 힐

케이블카 타려고 멀리서부터 줄을 서야 한다.

360도로 돌면서 올라가는 케이블카

테이블 마운틴의 테이블 위에는?

3km의 넓은 정상에는 돌로 지어진 교회같이 생긴 아담한 건물의 기
념품 가게와 테이블 마운틴 카페인 레스토랑이 있다.

아프리카, 당신이 있기에 우리 모두가 있다

V&A 워터프론트The Victoria & Alfred Waterfront

빅토리아(V) 여왕과 그의 둘째 아들 알프레드(A) 왕자의 이니셜을 따 V&A 워터프론트로 명명한 것으로, 케이프에서 최대의 번화가이다.

워터프론트에서 한눈에 테이블 마운틴이 보인다.

워터프론트의 시계탑

배가 지나가는 시간에는 다리가 열린다. 사람들은 기다렸다가 다리가 닫힌 후에야 건너가게 된다.

워터프론트에 올라온 물개 두 마리

워터프론트의 다양한 퍼포먼스

빅토리아 와프 쇼핑센터 지하 대형 마트에서 루이보스티와 국민 인그램스 크림을 샀다.

워트프론트의 다양한 레스토랑들

케이프타운에서 가장 오래된 HUSBAND Day care Centre 레스토랑은 '당신의 남편을 맡기면 보살펴주겠다 Leave your husband with us! We'll take care of him for you!'는 문구가 특이하였지만, 비싼 씨푸드는 싱싱하지 않았다.

QUAY FOUR 레스토랑

마레솔MAReSOL 레스토랑 역시 음식이 별로, 전망만 좋다.

Den Anker 레스토랑

QUAY FOUR 레스토랑 가까이에 있는 벨기에 Den Anker 레스토랑은 홍합찌개와 스테이크가 참 맛있었다.

노벨스퀘어에 있는 4명의 노벨평화상 수상자 동상

워터프론트 노벨스퀘어에는 4명의 노벨평화상 수상자 알버트 루툴리, 투투, 테어 클레르크, 만델라의 동상이 있다.

4명의 노벨평화상 수상자는 무엇을 한 사람들인가?

1. 알버트 루툴리_{Albert Luthuli} ANC 의장(1898년~1967년)

민족회의_{ANC: African National Congress} 의장으로 흑인의 권익을 옹호하고, 인종 격리 정책에 저항한 공로로 1960년 노벨평화상을 받은 아프리카 최초의 흑인이다. 교사, 추장, 정치가였던 그는 정치적 견해, 인종, 종교를 초월해 반대자도 포용하는 모습을 보여주었다.

"백인뿐만 아니라 흑인도 인간의 존엄성을 가진 신성한 영혼의 소유자다. 모든 인간은 각자의 개성을 발전시키기 위해 해로운 환경을 만드는 정책에 저항할 도덕적 권리가 있다."고 1954년 요하네스버그 흑인 강제 이주정책에 대한 반대 연설도 했다.

2. 투투Desmond Mpilo Tutu 주교(1931년~생존)

교사를 하다가 1961년 영국 성공회 사제 서품을 받고, 1975년 흑인으로는 처음으로 요하네스버그 세인트메리 대성당의 주교가 되었다. 1980년대 반아파르트헤이트 활동가로 1984년 노벨평화상을 수상하였다. 영국 국교회 명예 대주교이며, 진실화해위원회 위원장, 남아공 교회협의회SACC 사무총장도 했다.

"부드러운 답변이 분노를 가라앉힙니다. 너그러움과 동정심과 부드러움과 아끼는 마음이 그 반대 것들보다 훨씬 강력합니다. 가장 소중한 선물은 우리의 경험과 지혜입니다. 또한 성공의 비결은 섬김입니다." 라고 말했다.

3. 테어 클레르크Twde Klerk 대통령(1936년~생존)

1989년~1994년까지 남아공의 대통령으로 만델라와 함께 아파르트헤이트 정책을 종식 시키면서 1993년 노벨평화상을 공동 수상하였다. 만델라가 대통령이 되었을 때 부통령을 하였으며, 남아공의 마지막 백인 대통령이다.

4. 넬슨 만델라Nelson Mandela 대통령(1918년~2013년)

아파르트헤이트 정책에 맞서 투쟁하다가 반역죄로 체포되어 1964년 무기징역을 선고받고, 1990년 27년 만에 출소하였다. "세상에서 가장 강력한 무기는 교육이며, 용서 없이는 미래도 없다."고 했다. 1993년 테어클레르크 백인 대통령과 노벨평화상을 공동 수상하였다. 1994~1999년까지 대통령으로 재임했다.

워터프론트의 돌 작품들 역시 '나' 혼자가 아니라 '우리 함께'라는 의미를 준다.

구름으로 차려진 테이블

로벤섬에 가려고 워터프론트에 다시 가니 멀리 보이는 테이블 마운틴에는 구름으로
상이 차려져 있다.

만델라의 감옥 로벤섬Robben Island

로벤섬은 17세기 초에는 잡혀 온 노예들을 가두는 장소로 썼고, 19세기 초 영국의 식민지가 된 뒤에는 식민 통치에 저항하는 흑인 추장들을 감금하였다. 1960년대부터는 감옥을 세워 백인 통치의 아파르트에 반대하는 넬슨 만델라 등의 흑인 지도자들을 가두어 노역을 시킨 곳으로 '감옥섬'이라는 별명을 가지고 있다.

케이프타운 해안에서 12km 떨어진 곳으로 넬슨 만델라가 감옥 생활한 27년 중 20년을 갇혀 있던 섬이다. 만델라가 갇혀있던 감옥 건물을 지금은 '자유의 기념관'이라고 한다.

1899년 유네스코 세계문화 유산에 등록되어 있으며, 1996년에 감옥이 폐지되면서 섬 전체를 박물관으로 만들어서 일반에게 공개하고 있다.

넬슨섬 배를 타려고 기다리고 있는 사람들이다.

남아공 해변가에는 미역이 대단히 많다. 로벤섬 해변에도 역시

배에서 내려 버스를 탔다.

섬 전체를 한 바퀴 돌면서 설명을 들었다.

감옥들 담벼락은 철조망이 쳐져 있다.

차량 통제 감옥Prison Precinct이라고 되어있다. 최고 경비 감옥Maximum Security Prison이라고 적혀있
는 곳도 있었다.

차에서 내려 휴게소에서 커피를 마시고 사진도 찍었다.

건물 안에서는 감옥소 생활을 하신 분이 직접 설명하면서 안내를 한다.

수용자들이 운동하는 곳을 지나갔다.

만델라 대통령이 20년간 생활한 감옥소 방이다

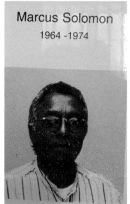

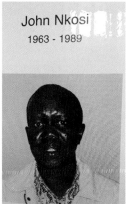

방마다 감옥에 갇혀있던 사람들의 사진이 붙어있다.

다양한 곳이 많은데 안내자에 따라 일부만 본 것 같았다.

아프리카, 당신이 있기에 우리 모두가 있다

총독 관저 Governors' Palace

옛 네덜란드 총독 관저였지만, 만델라의 대통령 궁으로 사용되었다.

노예에 대한 자료들이 많이 있었다

Origins of the slaves

The names of Willem Adriaan van der Stel's slaves are memorialised on the ceiling directly above. Although they were often given westernised names when they were sold, slaves continued to be known by their lands of origin. Most slaves came from the East Indies and their diverse cultures, languages and religions made the Cape one of the most cosmopolitan slave societies in the world.

Willem Adriaan, who was descended from an Indian woman, had a particularly exotic mixture of slaves, with Muslims,

Hindus and Buddhists in their midst. Because of their widespread origins, slaves at the time communicated with one another in Malayo-Portuguese; it was only later that a creolised form of Dutch emerged.

While people recoil nowadays from the notion of slavery, three centuries ago it was common practice. It was even to be found amongst freed slaves and leaders of different faiths, such as Rev. Petrus Kalden and the exiled Sheik Yusuf who lived at Zandvliet on the False Bay coast.

노예 기원Origins of the slaves과 케이프에서의 초기 노예에 대한 설명도 있다.

노예의 집 단면도

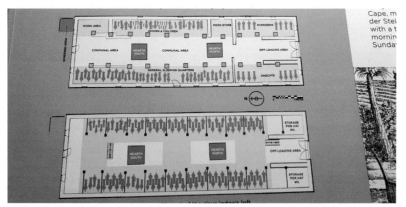

노예들이 자는 방에는 많은 노예를 넣기 위해 머리를 양쪽으로 눕게 했다.

노예의 종

노예들이 일하는 곳에 있는 '노예의 종'은 식사시간을 알린다.

300년 이상 된 나무들이 많은 아름다운 정원

정원은 아름드리 나무들이 많았다.

녹나무Campher Tree 앞에서의 만델라
(1990년 2월)

나도 잠깐 만델라를 느끼면서
(2019년 2월 20일)

관저 뒤 정원들

로즈 기념관 Rhodes Memorial

세실 존 로즈Cecil John Rhodes(1853~ 1902)는 영국 킴벌리 다이아몬드 광산으로 큰 재산을 축적한 후 자신의 돈과 에너지를 아프리카 안에 대영 제국의 건물을 짓는데 바쳤다. 케이프주 식민지 총독이 되었으나, 젊은 나이에 뮈젠버그(케이프타운 펄스베이 중간에 위치한 바닷가 마을)에서 죽었다.

테이블산 기슭에 있어 시내가 다 보인다.

세실 존 로즈Cecil John Rhodes

로즈의 천부적인 행동력을 상징하는 '육체적 에너지'라는 조각상은 로즈가 '카이로가 있는 쪽이다'라고 외치고 있다.(G. F. 와츠 작품)

로즈 메모리얼 가든Rhode Memorial Restaurant & Tea Garden

케이프타운이 한눈에 들어온다.

레스토랑

희망봉Cape of Good Hope 가는 길에

오토바이로 여행하는 외국인도
있다.

해변을 보며 잠깐 쉬기도 했다.

물개 천지 듀어키섬에 가는 배를 타는 호트베이

호트베이에서 배를 타고 20~30분 들어가면 5,000마리의 물개가 살고 있는 듀어키섬이 있다.

말 그대로 물개 천지다.

시몬스타운의 스크래취 패취 보석 돌공장

아프리카 전역에서 원석을 들여와서 가공하고 판매하는 매장이다.

태평양 크루즈에서 샀던 초록색 목걸이가 이렇게
만들어 진 것이었네.

사이몬스 타운 펄스베이 해변에서 씨푸드

군인을 살렸다는 개의 동상

펄스베이 요트 클럽도 있다.

볼더스 해변은 자카스 펭귄Jackass Penguin 천지

　케이프타운 동쪽 싸이먼스 타운
에 자리한 볼더스 해변은 남아공의
펭귄 보호지역이다. 키가 60cm,
몸무게 3kg인 아프리카 자카스 펭
귄은 10~20도의 따뜻한 해류에서
3,000마리가 서식하고 있다.

케이프 포인트Cape Point

    케이프 포인트는 케이프 반도의 최남단(아프리카 대륙의 최남단은 아글라스)이며, 인도양과 대서양이 만나서 서로 싸우느라고 공기가 아주 맑다고 한다.

케이프 포인트를 올라가는 입구

케이블카를 타고 올라간다.

올라가기 전에 바라본 케이프 포인트

정상에는 파리(9,294km), 뉴욕(1,254km), 리오(6,055km), 베를린(9,575km), 싱가포르(9,667km)의 방향 표시가 있다.

케이프 포인트 팻말에서 사진 찍는데 젊은이들이 끼어들었다.

정상에서 바라본 대서양

희망봉 Cape of Good Hope

케이프 포인트에서 멀리 보이는 희망봉(오른쪽의 높은 봉우리)에는 사람들이 점으로 보인다. 희망봉까지는 걸어서 혹은 차를 타고 가기도 한다.

희망봉 주차장에는 원숭이들이 여기저기 있다.

희망봉은 아프리카 대륙의 서남단으로 1488년 포르투갈 항해가인 바르톨로뮤 디아스_{Bartholomew Diaz}가 발견했다. 강한 바람과 높은 파도로 '폭풍의 곶'이라고 한다. 그런데 하나의 산봉우리이지 아무것도 없었다. 그래도 남아공의 희망봉을 와서 보니 앞날이 희망으로 느껴진다.

희망봉 팻말에서 사진 찍으려고 반대편에 사람들이 줄을 섰다.

키르스텐보쉬Kirstenbosch 식물원

남아공 7개의 관광지 중 하나로 1913년에 만들어진 아프리카에서 가장 아름다운 식물원이다.

키르스텐보쉬 숍

식물원 입구

아프리카를 상징하는 그림의 천으로 누빈 작품

10여 명이 탄 자동차로 식물원을 한 바퀴 둘러보았다.

Nelson Mandela at Kirstenbosch

Mandela honours Kirstenbosch

Nelson Mandela planted this Pepper-bark Tree (Warburgia salutaris) on his visit to Kirstenbosch on 21 August 1996.

The Pepper-bark Tree is a famous medicinal tree in South Africa. Just as this tree has brought healing to the people of South Africa, so too has Nelson Mandela brought healing to our nation.

Kirstenbosch honours Mandela

This is our prized yellow strelitzia named in honour of President Mandela.

It is an unusual golden yellow colour form of the normally orange species, and it took us nearly 20 years of selecting and careful cross-pollinating to develop.

"I am happiest when I am in the wild because I can listen ... as the poet says 'In the still air music lies unheard, in the rough mountains, beauty's height unseen'. I always feel the force of that sentiment when I am in this environment. And I am very happy that you have done me the honour of being associated with this remarkable place." President Nelson Mandela at Kirstenbosch, 21 August 1996.

만델라는 자연에 있을 때 시인이 말하는 것 같은 소리를 들을 수 있기 때문에 가장 행복하다고 했다.

식물원 내에 있는 작품들

역시 혼자가 아닌 '함께 하는' 작품이다.

조용한 자연 속에서 힐링되었다.

아프리카, 당신이 있기에 우리 모두가 있다

남아공에 유학 온 학생들

유학 온 초등학생 학부모와의 만남

주재원의 엄마, 그리고 기러기 엄마들과 식물원에서 우연히 만났다. 남아공에 유학 온 것에 대해 관심을 가지고 이야기를 나누었다. 호주의 유학생 부모들처럼 가족이 함께 온 경우에는 별 무리가 없지만, 아이를 위해서 너무 경쟁적인 한국을 벗어나기 위해서 아이들을 따라온 기러기 엄마들은 많은 갈등을 하고 있었다. 잘된다는 보장이 없기 때문이다.

같이 살아도 외로운 한 세상인데, 인위적으로 무엇을 얻기 위해 가족이 떨어져 살아야 하는지 이해가 되지 않았다. 아이들을 위한다고 하는 것이 결과적으로는 아이를 망치게 하는 것이고, 가정이 해체되는 것이다. 내 아이만을 생각한다면 그 아이가 나중에는 한국에서 살지 않을 것인가 생각해보아야 할 것이다. 사고를 전환해 우리의 아이들 모두가 편안하게 살 수 있는 나라가 되도록 하는 데 에너지를 쓰는 것이 현명하지 않을까?

유학 온 대학생과의 대화

워터프론트 벨기에 레스토랑 Den Anker에서 골든벨 사장님의 소개로 만나게(2019년 2월 25일) 된 두 대학생은 성당을 다닌다. 케이프에 성당이 하나 있는데, 교인이 40명 정도라고 한다.

처음에 유학 와서 2년 정도 적응하면 계속 공부가 가능하나 포기하는 경우는 2년 안에 포기를 한다는 것이다. 초등5, 중1 때 유학을 왔는데, 처음 2년 동안은 영어만 하려고 한국인을 만나지 않았고, 3~4년 지나 안정되어 자리가 잡히면서 한국인을 만났다고 하였다.

1명은 회계학 전공이고, 1명은 컴퓨터 전공이다. 남아공의 교육의 장점은 자유로운 생활로 강압적인 것이 없고, 공부 내용과 시험도 쉽다고 하였다.

한국의 22살 젊은이보다 훨씬 아는 것이 많았다. 5월 남아공 선거에

서 당이 바뀌어야 하며, 부정부패를 국민들이 다 알고 있다는 것이다. 22살인데도 정부에 대한 판단을 하고 있었다.

결과가 궁금하여 관심을 가지고 보니, 남아공은 5월 제이콥 주마 대통령이 부정부패로 스스로 사임을 하고, 만델라 대통령의 변호사를 했던 부통령 시릴 라마포사가 대통령이 되었다. 당이 바뀌지 않은 같은 ANC이지만 새로운 희망과 새벽을 알리겠다고 선언하였다니 지켜볼 수밖에.

와인밸리 스텔렌보쉬 Wine Valley Stellenbosch

스텔란보쉬 사립대학교

케이프타운 대학은 일정 비율 이상 흑인을 선발하는 우대 정책으로 흑인 학생이 많이 보였는데, 스텔렌보쉬 사립대학교는 주로 백인 학생들이다. 아프리카의 유럽이라고 한다.

1918년에 개교하여
2018년에 100년이 되었다.

대학교 쇼핑센터에는 학생들이 바글바글하다.

스텔렌보쉬 시내

'광산에서 금을 캐는 행복'을 의미하는 것처럼 보인다.

시소Seesaw는 금의 부세를 새는 것을 의미하는 걸까?

젊은이들이 잘 가고, 찾기 쉬운 사거리 'JAVA 카페'에서 먹은 스파게티는 맛있었다.

카페의 여직원은 눈에 엄청 힘을 주었다.

스텔렌보쉬 커피 판매점

아프리카, 당신이 있기에 우리 모두가 있다

아프리카 전 지역의 커피를 판매한다.

맛을 보고 사면 되나, 맛보는 것도 돈을 지불해야 한다.

스텔렌보쉬 와이너리

케이프타운에는 140여 개의 와이너리가 있다고 한다. 우리가 간 스텔렌보쉬 와이너리에서는 돈을 내고 4가지의 와인을 시음했다. 와인 전문가가 아니어서 그게 그거 같았다.

굿 호프성Castle of Good Hope

    남아공에서 가장 오래된 최초의 식민지 건축물로서 네덜란드 동인도 회사가 케이프타운의 물자 교역소의 역할을 위하여 1966년에서 1979년까지 지은 성이다. 남아공은 네덜란드, 영국의 식민지를 거듭하다가 영연방에서 남아프리카 공화국으로 탄생하였다.

    1978년부터 일반 시민과 행정관 그리고 군인들이 모이는 중심지로 이용되었다. 지금은 남아공의 군대박물관, 역사박물관으로 사용되고 있다. 요새 망루, 교회, 상점, 주택, 감옥 등이 있다.

굿 호프성의 안내판 ▶

▼ 굿 호프성의 입구

박물관 입구

보캅Bo kaap 마을

'케이프 언덕 위에 있는 마을'이라는 뜻인 보캅은 인종 격리 정책인 아파르트헤이트가 없어지면서 자유의 기념으로 노랑, 파랑, 분홍의 화려한 색으로 칠해진, 과거 노예로 넘어온 말레이인들의 후손들이 살고 있는 마을이다.

보캅 마을을 그린 그림

디스트릭트 6 뮤지움 District 6 Museum

남아공의 흑백 분리 정책의 아픈 역사를 전시한 문화유산 박물관이다.

아프리카, 당신이 있기에 우리 모두가 있다

남아공의 흑백 분리 정책의 아픈 역사를 전시한 문화유산 박물관이다.

"당신의 생각을 나누어라Share your thoughts."

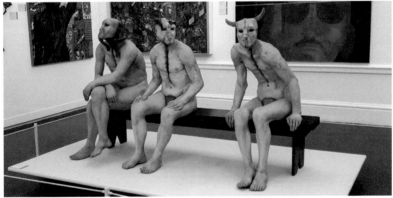

아프리카, 당신이 있기에 우리 모두가 있다

레게머리와 네일아트

안 해본 것을 한번 해보려고 했으나 찝찝해서 포기했다.

그린 마켓에서 남아공 맥주 한 잔

롱스트리트LongStreet 거리

우리나라는 법복에 분홍 보자기를 들고 가는데, 남아공은 법복에 멋 있게 캐리어를 끌고 간다.

대법원에서 나오는 법관들이다.

롱스트리트 건물 2층은 백 베커bag packer들의 숙소

롱스트리트의 레스토랑과 상가들

그 외 의미 있는 곳들
(시청사, 시청 별관, 세인트죠지 대성당, 슬래브 롯지 등)

케이프타운 시청사

시청 별관에 있는 투투 주교와 만델라 형상

세인트 죠지 대성당 St. George's Cathedral

메트로폴리탄 감리교회 Metropolitan Methodist Church

WE UNITE.....
...Until All Races Are Included

WE UNITE.....
...Until All Walls That Divide Us Come Down

We unite··· Until all races are included.

We unite··· Until all walls that divide us come down.

모든 종족이 포함될 때까지

우리를 분열시키는 모든 벽이 사라질 때까지

우리는··· 연합한다.

– 교회 입구에 적혀있는 말들이다.

컴퍼니 가든The Company's Garden

입구에 있는 동상 얀 스위츠Jan Smuts (1870~1950년)는 남아프리카 영연방 제4대 수상이자 철학자이다.

얀 스뮈츠 동상

유대인 박물관Jewish Museum

유대인 대학살Holocaust

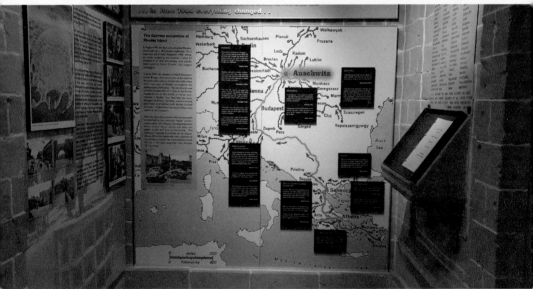

슬래브 롯지_{Slave Lodge}

슬래브 롯지 Slave Lodge

흑인들이 탄압받던 과거의 모습을 재현한 곳이다.

전망이 좋은 곳에 위치한 케이프타운 대학교

바닷가에서 커피 한 잔

한식당 '하루'

레스토랑 실내는 정돈이 잘 되어 있다.

냉면과 스시를 맛있게 먹었다. 그래서 두 번이나 갔다.

혼자 여행 온 한국 여성의 말을 듣고 가본 '골드 레스토랑

그린마켓 스퀘어에서 만난 혼자 여행 온 한국 여성이 볼만하다고 해서 갔다. 레스토랑 인테리어는 특이했지만, 남아공 뷔페를 억지로 먹었다. 남미나 쿠바처럼 신 나지도 않았다. 고액을 주고 들어간 곳이지만 그냥 경험해 본 것으로 만족했다.

아프리카, 당신이 있기에 우리 모두가 있다

레스토랑 입구

다양한 모양의 젬베들

특별한 인테리어

무대의 모습

공연을 하고 있으나 소리 지르고, 흔드는 것 외에는 특별한 것은 없다.

식사가 즐거운 골든벨 하우스

　케이프타운에서 묵었던 '골든벨 하우스'의 복스러운 사모님이 해주시는 아침 식사는 10첩 반상이었고, 저녁 식사로 나오는 특별요리는 최고였다. 오늘은 무엇이 나올까 매일매일 기대되는 식사였다. 언젠가 다시 가리라.

식사 담당 사모님과 여행 가이드 사장님

정원에는 채소들을 키우신다.

넓은 화장실

공주 침대가 두 개 있는 방

아침에 10첩 반상과 저녁에는 특별식

남아공의 건강 기능 식품

약국에서 사는 것

악마의 발톱_{Evil of crew} 자연 치료제

관절염, 류마티스염, 허리 통증, 통풍, 발열, 근육통, 편두통, 각종 진통제, 염증 완화, 소화불량 및 속 쓰림, 동맥경화, 당뇨, 알레르기, 생리 불순 등에 좋다. 금기는 임산부, 모유 수유, 궤양 심장질환, 고혈압(아스피린이나 혈전 용해제 복용 시에 조심)의 경우.

바이오 오일_{Bio Oil}

피부 노화 예방으로 피부가 촉촉해지고 흡수가 빠르며, 저자극성으로 민감성 피부에 사용된다. 발뒤꿈치, 얼굴, 몸 등에 사용한다. 우리나라는 60ml, 15,000원이다.

인그램스_{Ingram's} 크림

남아공 국민 크림으로 전신에 사용하며, 아토피나 건조한 경우 사용하면 피부가 촉촉해진다.

워터프론트 빅토리아 와프 지하 마트에서 사는 것

모링가 티

기적의 나무, 나무의 여왕으로 잎이나 뿌리를 가루로 먹는 슈퍼푸드 음식으로 50도 이하의 물 200cc에 한 스푼 섞어 먹는다. 무카페인으로 독소 배출, 항염증 작용, 당뇨 개선, 항암 작용, 항염 효과, 면역력 증진, 고혈압 완화, 항산화 작용, 변비 해소, 다이어트 음식, 불면증 완화, 고지혈 해결 등의 효과가 있다. 아침에 한 잔, 자기 전에 한 잔, 서너 번/일, 부작용은 설사

루이보스 티Rooibos Tea

붉은 덤불이란 뜻의 이름으로 단맛, 무카페인, 항산화 작용, 혈액 순환, 활성산소 억제, 아토피, 사마귀, 검버섯, 백내장, 빈혈, 류머티즘에 좋다.

케이프타운 공항에는 구두 닦는 곳이 있었다

아프리카를 오가며 경유한 홍콩

홍콩 공항 게이트는 530개나 되었다. 작은 나라(도시)에 게이트가 어마어마하다.

"당신의 생각이 우리의 미래다Your Ideas Our Future."라는 공항 슬로건은 수많은 상상력으로 새로운 것을 창출할 수 있다는 나의 견해와 일치하는 것 같아서 좋았다.

화장실의 문구는 합리적이고, 분리수거는 색깔구별이 잘 되어있다

홍콩 공항 화장실에는 "금연No smoking, 청결Keep the toilet clean, 미끄러운 바닥 조심Beware of slippery floor, 소유물 조심Beware of your belongings"이라는 4가지 문구가 알아보기 쉽게 붙어 있었다. 분리수거하는 곳 주위도 아주 깨끗했다.

만병통치약 호랑이 연고와 자라ZARA를 만났다

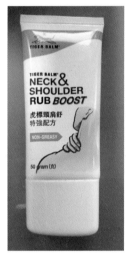

약국에서 호랑이 연고로 흰색Tiger Balm White(두통과 코 막힐 때, 근육이 가려울 때 사용)과 빨간색Tiger Balm Red(근육통에 사용)을 많이 샀다. 그리고 새로 발견한 호랑이 연고로 목과 어깨에 힘을 주는Boost 크림도 샀다.

자라에서 딸 둘과 함께 입으려고 옷도 두 가지를 3개씩 샀다.

홍콩 공항 식당 'PUTIEN'

오가며 경유한 홍콩에서의 6~7시간에 'PUTIEN'에서 중국의 얼큰
국수를 먹었다.

Tip 예상 경비

항공비 제외한 South Africa 예상 경비			
조벅 (우드힐) 한인민박	숙박비 & 투어비 250 USD/1인당/1일		전 일정 숙박 및 가이드비, 공항 패치 일체 중식비 및 입장료 불포함
케이프 (골든벨) 한인민박	숙박 70USD /1인당 130USD/2인	투어 200USD /1차당/1일	전 일정 숙박 및 가이드비, 공항 패치 일체 중식비 및 입장료 불포함 세탁 가능

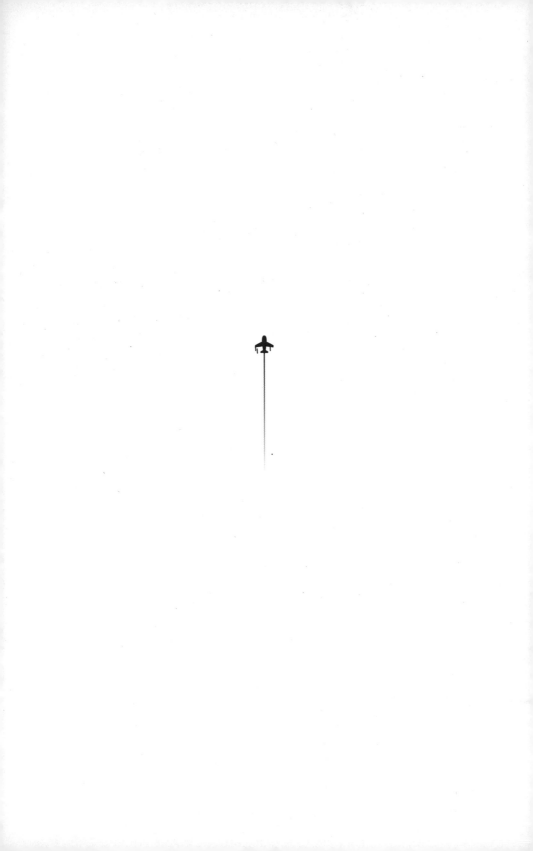

5장

아프리카
여행의 마무리

여행의 새로운 맛을 느낄 때 행복하다.

아프리카 여행을 하고 나서

호기심과 안전에 대한 두려움, 불안으로 시작한 아프리카 여행은 어느 여행보다 가슴에 많은 충만함을 느끼게 했다. 여행하기가 쉬운 곳이 아니어서인가, 패키지가 아닌 자유 여행이어서인가, 다양한 동물을 보면서 사륜구동을 타고 신 나게 달려서인가, 우자마 정신과 우분투 정신으로 내 뇌가 씻겨서 외롭지 않고 행복하게 살 수 있겠다는 자신이 생겨서인가? 나 개인적인 삶에서 우리 모두의 삶으로 확대된 내 정신 영역 때문인지 어쨌든 내 가슴은 충만했다.

탄자니아의 세렝게티를 지나면서 핫산과 짱구가 우리에게 가르쳐 주어 함께 부른 '하쿠나 마타타No Problem' 노래가 나를 이렇게 만들었는지도 모른다. 영원히 잊을 수가 없다. 그래 세상을 살아가는 데 문제는 없는 것이다. 마음먹기에 달렸다.

어디에서나 함께하는 사람들과 내 주위에서 함께 살아가는 사람들이 가슴을 충만하게 해주는 것이다. 그들과 함께 나도 그런 사람으로 살아야겠다. 이것이 '이번 여행이 주는 교훈이고, 행복'이다.

보지 못해 아쉬운 썬시티와 에스와티니

조벅에서의 일정을 짧게 잡아 가보지 못한 **썬시티**는 다음 기회에 가보리라. 아프리카의 라스베가스로 4개의 고급 호텔이 있고, 1992년 12월에 개장한 잃어버린 도시(로스트 시티) 궁정의 팔레스호텔은 시설과 규모가 초특급이어서 전 세계적으로 유명하다고 한다. 가보지 못한 것이 못내 아쉽다. 또한 지구상에 아직 존재하는 **에스와티니**라는 특이한 나라도 언젠가는 갈 수 있기를 기대해본다.

아프리카 여행에서도 중요한 두 다리

우자마, 우분투 정신의 가치를 되새기며

케이프 공항에서 처음으로 양복 입고 서류 가방을 들고 있는 흑인들의 당당함을 보았다. 함께 여행한 임마누엘의 당당함도 많이 느꼈다. 역시 무엇이든 알아야 한다. 백인에게, 흑인에게 무시당하는 동양인이 되어서는 안 된다.

남아공의 아주 까맣고 머리도 지저분한 흑인은 정말 원숭이 같았다. 배운 이는 눈이 초롱초롱한데, 배우지 못하고 씻지도 않은 흑인들의 모습은 사람이 아닌 동물로도 보였다. 그래서 백인들이 인종 격리를 하고 노예로 매매를 하였구나 하는 생각도 잠깐 들었다. 평생 모르는 것을 알기 위해 공부하면서 다양한 독서와 경험으로 무지에서 오는 스트레스나 무시는 받지 않도록 해야 한다.

한동안 우울증으로 인한 자살이 많더니 요즈음은 조현병으로 인해 사람들을 죽이는 일이 많아지고 있다. 시도 때도 없는 남성들의 여성 괴롭힘은 점차 늘어나고, 방어 능력이 없는 영유아와 어린이들에게 해를 가하는 어른이 많아지고 있어 우리의 아이들이 살아가기가 점차 어려워지고 있다. 연예인들의 마약 문제, 정치인, 종교인들의 교양 없는 말 등 연일 문제투성이인 대한민국이다.

우리는 단일 민족이며 경제 대국이라 하면서, 수십 개, 수백 개 부족임에도 하나라는 공동체 정신으로 가난하지만 행복하게 살아가는 아프리카 나라들 보다 못한 삶을 살고 있다. 서로 함께 잘살아야 하는데, 상대방을 뭉개고 밟고 일어서려니 아무도 일어서지 못한다. 서로 다 뒤죽박죽이 되어버린다.

20~30년 전 이미 탄자니아 니에레레 대통령은 우자마 정신의 '5가지 가치'인 자력갱생(자신의 힘으로 삶을 사는 것), 동등, 통합, 일체와 친밀감을 강조하였다.

그리고 남아공 만델라 대통령은 우분투 정신의 '7가지 가치'인 평등, 책임, 민주주의, 다양성, 존중, 화해, 자유를 헌법의 기본 정신이 되게 하였다.

그런데 우리나라의 기본 가치와 기본 정신은 도대체 어디에 있단 말인가? 이제부터라도 니에레레의 '5가지 가치'와 만델라의 '7가지 가치'를 되새기며 우리도 새롭게 살아야 한다.

우리 모두는 평생학습longlife learning하여 교양 있는 시민Informed citizen으로서 완벽한 사회perfect society를 만들어 정의롭고 행복한 사회Justice happiness society로 나아가야 한다. 개인, 가정, 국가에서 세계로.

함께해준 친구 같은 남편에게 "고맙습니다"

아프리카, 당신이 있기에 우리 모두가 있다